蒋金娣 著

陪着你，一起长大！

我的班主任生涯

东北师范大学出版社

长春

图书在版编目（CIP）数据

陪着你，一起长大！：我的班主任生涯 / 蒋金娣著
. — 长春：东北师范大学出版社，2020.8
ISBN 978-7-5681-7105-2

Ⅰ.①陪… Ⅱ.①蒋… Ⅲ.①初中—班主任工作
Ⅳ.①G635.16

中国版本图书馆CIP数据核字（2020）第163926号

□策划创意：刘　鹏
□责任编辑：徐小红　张新宁　　□封面设计：姜　龙
□责任校对：刘彦妮　张小娅　　□责任印制：许　冰

东北师范大学出版社出版发行

长春净月经济开发区金宝街 118 号（邮政编码：130117）
电话：0431-84568115
网址：http：// www.nenup.com
北京言之凿文化发展有限公司设计部制版
北京政采印刷服务有限公司印装
北京市中关村科技园区通州园金桥科技产业基地环科中路 17 号（邮编：101102）
2022年6月第1版　2022年6月第1次印刷
幅面尺寸：170mm×240mm　印张：15.25　字数：233千

定价：45.00元

P序言
REFACE

在"于洁教师沙龙"里，蒋金娣算是个"老人"了，1994年参加工作的她，已经在初中教育教学的岗位上奋斗了25个年头，做了18年班主任，在学校里也是个中层干部。很多像她这样资质的老师，都会逮住机会不做班主任了。金娣似乎有点"傻"，还在吭哧吭哧做班主任，似乎还做得乐此不疲。

我还真是喜欢她这股子"傻"劲。

一转眼已是金娣进入"于洁教师沙龙"第3个年头了，她凭借朴实真诚、少说多做、长期坚持的优点被越来越多的沙龙成员所认可。

沙龙里金娣所在小组的小组长这样称赞她：工作踏实认真、一丝不苟，每次小组话题讨论都准备充分，从不落下，网上讨论也总是最早上线的那一个。

从不虚言妄语，总是认真踏实，这是金娣给我们的感觉。自然她给家长和学生的感觉也是这样的。这种感觉就是"值得信任""非常靠谱"。金娣带班这么多年，能赢得学生和家长的信任，与她的真诚朴实是分不开的。

家访是金娣的一大特色行动。她总是在去家访的路上或是在家访回来的路上。正因为如此，她的家长课堂才搞得有声有色。

班上有一个孩子平时懒散松垮，可是当他的家长被金娣老师邀请到课堂做老师，教学生如何制作小蛋糕时，他心中顿时对自己的母亲升起了满满的敬佩感，自己在课堂上的表现也发生了很大的变化。

金娣用心良苦，却又不动声色。请家长来做老师的方法看似简单，其实一举多得。这就是朴实的金娣的教育智慧，体现了她在一线多年默默探索、细细研究的用心用情。

"每日一记"更是考验一位老师的毅力与恒心。在繁重的初中两个班级语文教学之外，在烦琐的班主任工作之外，金娣每天要花一个小时的时间阅读学生们写的"每日一记"，再——写上阅后评价。这里面都是一些金娣与学生们心照不宣的秘密。"每日一记"是学生们畅所欲言的心灵家园，更是一个中年人与少年人心灵沟通的桥梁。

亦师亦友，是教育中最好的一种师生关系，金娣做到了。当学生向她倾诉委屈痛苦时，她是最好的倾听者与安慰者；当学生需要她的帮助时，她挺身而出，是最好的朋友与家人；当学生需要当头棒喝之时，金娣毫不含糊地振聋发聩……这样的师生关系，在当今师生矛盾、家校矛盾日益突出的大环境中，显得极其难能可贵。

如果你说工作、家庭都很忙，不知道怎么权衡，那么看看金娣的这本书吧。你会发现金娣对待教育的态度就是一个人对待人生应有的态度；金娣处理教育中各种鸡毛蒜皮的心态和技巧，就是一个人人生中一地鸡毛之时应有的处事心态和方法。

如果你说工作那么多年了，都有很重的职业倦怠感了，那种沉重仿佛贴在身上的肉膘怎么也减不掉了，那么看看金娣的这本书吧，她的喜怒哀乐都在字里行间。人到中年，她没有因为脚踏荆棘而心生抱怨，而是保持了一颗与人为善的平常心，踏踏实实，默默无闻，坚持做好一件又一件小事，渐渐聚沙成塔、熟能生巧，渐渐找到了职业的幸福感，用葱茏的庄稼逼退了芜杂的野草。

大事难事，看担当；逆境顺境，看胸襟。

是喜是怒，看涵养；有舍有得，看智慧。

是成是败，看坚持；万般滋味，是教育，更是人生。

金娣懂得这些道理，慢火熬粥，把她一路走来的点点滴滴汇聚成这本用心写就的书——我仿佛看到她搬个凳子，坐在我的对面，用常熟口音对我说："急也急不来的哇，定定心，我和你一起来聊聊吧。"

于 洁

2019年10月12日

C 目 录
ONTENTS

第三辑

故事·思考——书写前进之路 \ 071

第一辑

师韵·初心

——构筑教育之路

1

做个提灯的人

卢梭说："当一个人一心一意做好事情的时候，他最终是必然会成功的。"26年来，我以"永远在路上"的恒心和韧劲坚守教师岗位；26年来，我真正体会到幸福源自一步一个脚印自我发展、自我提升后的实实在在的感觉。

一、埋头苦干

5年里，我跑遍了沙家浜镇的大小村落，家访磨出了我的耐心，也坚定了我对班主任工作的信心。

我相信教育是慢的艺术，它需要的不是垂柳一夜吐绿的速度，而是三月里银杏抽芽成叶的坚持。教育需要爱心，更需要恒心。这不是口头背诵的教育理论，而是在一次次家访中烙在心田的坚持。

我大学毕业后的第一站是常熟市沙家浜中学。当年这里河网交叉，水渠密布，交通极其不方便。20世纪90年代后期，这里的乡镇企业蓬勃发展，也许是进厂收益立竿见影，每学期都有学生中途离校，甚至一去不返。这样的学生，就成了我家访的首选，走进他们家中，说服家长把孩子送回学校继续学习也成了我班主任工作中的一件要紧事。记得一位姓俞的女同学，家住沙家浜镇最南端的一个村子，初三第二学期开学的第2周，她连续5天没有到校上课。那时，有电话的家庭还很少，我根本联系不到她。星期六下午，我和几个学生骑自行车去俞同学家，自行车在乡间的小路上颠簸了45分钟。到了俞同学家里，我看到了她老实的父亲和发呆的母亲，还有那极其脏乱的院子和客堂。我对俞同学的父亲说，让孩子去读书吧，还有几个月就毕业了，好歹也能有一张文凭啊！就在父女俩表示"听老师的，初中要读完"的时候，从院外进来了一个中年男子。他说："书，她是不读了，还是早点进厂赚钱吧，看她爷娘，也没有钱支持她把书读完。"我想劝说时，他又说："不就是一个学生不上学吗，你们会被扣掉奖金吗？"我竟无言以对，我不知道好心地劝学，怎么在家长心中就有了这样的评价。这次家访以失败而告终！我也委屈得灰心丧气。

当我把这次家访的经过向年长的周老师倾诉时，周老师像母亲一样安慰了我。她说："教育不是靠激情就能做好的，教育更不能意气用事，教师吃的就是良心饭。时代在发展、在变化，学生的问题会层出不穷，老师如果不家访，家长就更不知道怎么做，所以还是要坚持家访。"我相信周老师，同时也进行了反思。于是，我家访的目的不再局限于"劝学"，学习退步的学生、精神面貌突然发生变化的学生、特别胆小内向的学生、喜欢捣乱的学生……都成了我家访的对象。

就这样，在5年的班主任工作中，我熟悉了去沙家浜镇每一个村子的线路。休息日去离学校远的学生家；住在学校附近的学生，我就利用晚上的时间进行家访。

有了付出，就有回报，家长们给予我的评价是很高的，以至于2006年，我被借调到常熟市第一中学工作后，还经常能接到沙家浜家长们打来的电话。

二、抬头看路

学习培训，自我反思，我明白了教育的智慧应该在爱心和创新并行的实践中达成。

教育是人对人、心对心的事业。学生年龄虽小，但是他们也有话语权。我不想高高在上地命令他们，也不想低估自己对他们的影响。我想听到他们的心里话。

（一）营造好心情："每日一记"里的故事

苏霍姆林斯基说，教育于技术的全部奥秘，就在于如何爱护教育对象。爱护学生要从了解学生的心声开始。一个班几十个学生，如何去了解他们的心声？10年前，我采用了"每日一记"的书面交流方式：让学生每天写下心里最想说的话（不得少于50字），我到校后的第一件事情就是阅读学生的"每日一记"，并写下点评。现在，"每日一记"成了学生发泄情绪、和我说悄悄话的秘密花园，读我的点评，也成了他们一天中最盼望的事。"酒香不怕巷子深"，其他班级的同学很羡慕，因为只有我们班的同学有吐槽的场所。"每日一记"帮助我掌握了学生一天的所有活动、交流、纪律和思想动态，也很好地帮助我及时、主动地和学生进行有效的交流和沟通。一位家长说："等孩子睡着了，我偷看了他的'每日一记'。他什么都跟老师谈，跟老师亲得很呢，我都有点妒忌了。"家长们感受到了与孩子交流的重要性，也了解到了在交流之前，要先学会倾听孩子的话语。

（二）班级微活动：让好心情飞起来

我始终认为，学生的校园生活不应该仅仅是文化科目的学习，还应该有更丰富的色彩。我不希望我的学生因为学习的挫折而愁眉苦脸，更不希望他们因为自卑而郁郁寡欢。我认为学生的好心情是一种愉悦的情绪，而在这种情绪的带动下，他们一定能全力以赴地做好任何事情。在苏州市名优班主任工作室学习，给了我很多启发，也拓宽了我的实践思路。我清晰地认识到，集体活动能发挥娱乐、导向、育人的功能。但是集体活动因受时间、场地、规模等限制，不能顾及班级全体学生，于是，我开始了对班级微活动教育意义的实践和探索。

1. 开展班级之星评比活动

班级之星在全班同学中进行海选，能否入选，全凭所得票数。评选活动，对老师来说是放手，对学生恰是一次次很好的自我评判、自我教育。许同学在"每日一记"中写道：杨同学是我的好朋友，在这次评选中，我本来要选他的，但最终还是没有投他的票，希望他理解，并改掉自己平时言语不文明的坏习惯。

2. 举行班级颁奖仪式

结合学校活动和班级活动，我设计了颁奖仪式，给予奖励的人选是不定的。或者是英语默写连续一周没错，或者是值日做特别好，或者是课桌整理得特别干净，或者是连续几天问了老师问题的同学。获得奖励的学生成了大家眼中特别羡慕的对象。因为羡慕，所以也想成为这样的人，这样在学习、自律等方面，放大了学生的优点，也刺激学生——做最好的自己。

3. 小组主题讨论

教育是目的性很强的活动，学生作为发展中的个体，缺乏对自我的正确认识和很好的自控能力，所以其自主发展离不开家长和老师的指导。此外，学校是社会的有机组成部分，必须承担起社会赋予的使命，在培养学生成为合格公民的同时，还要对其进行潜移默化的社会主流意识和价值导向的熏陶。班会课多是学生按小组进行主题大讨论，发言人、记录员都是指定人选。我班讨论的一些主题，如"不做电子产品的奴隶""压岁钱放在哪里""又快又美地布置黑板报""如何淘到老师抽屉里的存货""开心地接受批评""环保小卫士""弯腰行动"等还被学校团委采纳，作为学校活动主题。

4. 一周得意事

从于老师和学生合影中获得启发，我在班级微活动中，加入了"一周得意事"活动。学生一周默写天天得满分，可以和任课老师合影，一个月有20次得满分，可以与校长合影，这极大地刺激了学生学习的积极性和主动性。

这些班级微活动的开展，用时不多，也不费力，不但能锻炼学生的能力，还能缓解学生因学业负担带来的负面情绪。这些教育细节促进了我的专业成长，我连续五年申报个人微型课题，而微型课题的问题，都来自日常的教育故事或教育问题。

三、仰望星空

榜样的引领，让我懂得教育人的教育情怀应该是以良知之心承担应有的责任。

朱永新老师说，家校合作是最好的教育。老师要做的，不是等待家长来合作，而是要主动出击。这么多年来，家访成了我工作的一部分。对我的到访，家长们是很欢迎的。

"蒋老师，孩子对我说，他的心结打开了。您的家访效果真好。希望您以后多来玩啊！"（戴同学家长短信内容）

"蒋老师，您是一个好老师，现在有了电话和手机，家访很少了，但是您

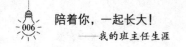

还在做，真了不起！"（陶同学家长在电话中说）

家访融洽了教师和家长、学生的感情，减少了家长对学校、对任课教师的质疑和非议。虽然每一届都有个别比较薄弱的任课教师和我搭班，但他们没有后顾之忧，在课堂教学上也表现出异常的努力，也愿意为我班的学生花时间、想点子，所以我班的班级学业质量一直名列前茅。

教育需要家庭、学校、社会的三结合，而家庭教育在学生成长中占的比重是70%，很多事实告诉我：这70%的作用没有得到有效发挥，很多时候还在起反作用。家访过程中我也发现，其实很多家长对于孩子的教育是有欠缺的。家长或者不知道怎么教育，或者知道教育很重要，但就是不得法。如何指导家长做好家庭教育，成了我思考和探索的一个课题。

2015年6月，我参加了苏州市首批家庭教育指导师培训。这次学习，让我有了仰望星空的感受。我进一步了解了家庭教育理论、优秀教育工作者的创新举措、班主任工作的意义等。让我深有感触的是，我以往之所以这么辛苦，是因为我没有点燃家长参与教育的激情，也没有把学生原生家庭的作用真正激发出来。原生家庭有一股"无形的力量"，这股力量对学生学习和生活的影响是深刻而久远的。

成立家长班级，把班会课让给家长！带着这样的想法，我开始了"家长班级"的实践尝试。

从此，我不再为每周一次的班会课费心。家长们把班会课搞成了家长课堂，家长课堂从最初少数家长参与，到最后的绝大多数家长积极参与进来，并成了学生口中的"班级专属福利"，后来在全校推广。

家长的工作涉及社会生活的方方面面，他们会的、懂的，教师不一定会、不一定懂。有了家长的参与，我的班级日常管理更加得心应手。任课老师特别喜欢进我们班级上课，因为氛围好、学生可爱！对于参与的家长，他们也在这样的过程中潜移默化地得到了有益的指导。他们教育孩子的方法和手段不再那么简单和粗暴了。同时，他们也深切地感受到了教师工作的艰难和不易。就像2016届邱煜峰妈妈在讲完课后，由衷地说："站好讲台不容易！"陈启帆爸爸讲述了自己初中学习的经历，告诉孩子们："站在讲台上的人不是你要恨的人，而是给你知识的人！"这些发自原生家庭的声音，震撼了学生的心。这些声音，对于听课的家长，也是一种很好的指导和学习。

德国教育家第斯多惠说："教育的艺术不在于传授知识，而在于激励、唤醒、鼓舞，而这一切都是基于教师的楷模形象。"家长班级，丰富了班会课内容，改进了班级管理模式，更重要的是，班级会时不时地"火"一把，学生时不时地嗨一回。特别是有家长来上课的学生，学习态度、学习情绪变化很大，主动学习的精气神有了很大提升，学习结果自然也越来越令自己和家长满意了，这是一个良性循环的过程。

2016年初，我成了于洁教师沙龙的一员，每周三晚上，在温馨的氛围里，我们讨论着教育的故事。从开学第一周的事情到假期教育，从给学生写的第一封信到给家长写的第一封信，从撰写自己的教育故事到点评别人的教育案例，从《中小学生守则》修改到给新班主任支着儿，教育中的那些艰难事情，在这里都被一一破解。我的思想在这里燃烧起来！每一个努力的日子，都是对生命的不辜负。在惊叹和点赞中，我感动于老师渡人渡己的教育情怀，感动于我们这些平凡的人——不管外面风吹雨打，仍然孜孜以求地做着教育的事。那是一份责任，那是用良知承载的责任！

后来，我又成了苏州网校常熟分校的一名教师。在每一次教育公益咨询活动现场，我的身边总会围满咨询的家长；每一场公益讲座结束后，家长们都会迫不及待地向我询问教育子女的良方。那时，我深深感受到教师职业对社会的深远影响。所以，如果说努力工作是责任，那么回报学校和社会则是教师的良知。

于洁老师说："当我们上下求索寻找最好的教育方式之时，当我们在艰难的思考与尝试中发现了教育的柔软与美好之时，我们会发现，做教师，最大的收获是发现了自己，找到了最好的自己。"教育的美好在于，既渡人，又渡己。为此，我愿意做那个提灯的人，为我的学生以及他（她）身后的家人照亮前进的路。

（发表在《德育报》2017年7月31日，总第1416期）

教育有痕

一生能遇到一位好老师，对学生来说是福气，这话我是坚信的，因为我自己就是在被初中班主任三言两语呵斥后才有了醍醐灌顶样的改变。对于教师而言，能遇到点醒自己明白"适合的才是最好的教育"的学生，更是一种福气。

翻开电子相册，排在第一的是"18班活动记录"。打开18班活动记录，排在第一张的就是我在学校金秋书市上抓拍到的婷的照片。

金秋书市每年11月在学校操场举行，那是孩子们要花费近一个月时间做准备的事，从绘制售书海报到收集整理要出售的书，他们不知疲倦地准备着。书市活动那一天，我们早早地摆好桌椅。下午第三节课，音乐声一响，同学们蜂拥着向操场出发，只有婷坐在座位上看大家走出去，俨然是一个旁观者。记得当时她用胆怯的眼神看着我，一句话都不说，好像很怕我会怎么样她似的。但她还是被我拉到了操场上，我请她帮销售小组的同学一起卖书，并要求她大声喊出来，可最终她还是被挤到了一边，又成了孤零零的一个。

这是一个十分胆怯的女孩，下课上厕所也要等我到了教室里，在向我请假后才会去。我不知道她为什么这么胆怯，尤其是走出教室，要排队或者做其他集体活动的时候，其他同学会边排边搞点小动作，但婷只会搂着双肩往旁边缩，那样子总让我想起电影镜头里可怜的丫鬟。

更让我想不明白的是，婷每天到学校后，总是要打瞌睡。她会不停地拉自己的眼皮。我问她是不是昨天睡得很晚，她点了点头。我曾经问她："要不要我和任课老师们说一说，帮你减掉一些作业？"她摇头。任课老师们一致认为，这个女孩基础差，老师讲的内容根本听不懂，也不知道她每天的作业是怎么做作业的。是啊，才初一啊，要是到了初二怎么办呢？天天熬夜，天天不懂装懂，这不是自己害自己吗？

带着这样的疑问，我走进了婷的家。

她的奶奶告诉我，婷每天写作业要写到晚上12点以后，甚至凌晨一两点。"天哪！才初一啊，到了初三，一个晚上不睡啊？"我不由喊了出来。她爸爸说："她就是不肯动脑筋，10道乘法的题，可能人家10分钟就做好了，她要做一个多小时，还做不对，我教着都要冒火。"奶奶在一旁扶着婷弱小的肩膀说："为了这个，她一直被她爸爸打。""我也打过她，每天我们等她睡了才能睡，有时候心里火呀，想想也对不起小孩。"爷爷在一旁内疚地说。我告诉这一家人："到学校学习是要看分数，但分数不是孩子生活的全部，手指头伸出来有长短，孩子的学习能力是有差异的，不能把别人家孩子的优点拿来和自家孩子的不足比，这样婷是永远也比不过人家的。孩子在学校懂礼貌、守规矩，还写得一手好字，画的画也得到美术老师的赞扬，说明她有她的长处。家里人为什么不在孩子的这些长处上为她助力呢？"她的爸爸沉默了。

"你们这样每天为了几道题，不是呵斥嫌弃她就是打她，她会越来越胆小，今后她还怎么融入社会？怎么和陌生人交流甚至过日子？"听了我的话，她的爷爷频频点头。

从那以后，在学校，婷似乎不再怕我走向她了。

第二次家访的时候，她的奶奶告诉我，孩子在读小学的时候，学习就不好，每天放学后要留下来在老师那里过关的。回到家里，家里人因为这个也要天天训斥她几句。孩子胆子小，和这也有关系。后来，不管多晚，她都要做好全部作业，等一切完成后，她会在奶奶面前抚着胸口说："都做好了，心里舒服了。"听她奶奶这么说，我真有说不出来的心酸——为了可怜的婷，也为那些抓分数有一套的老师们。我不想做眼里只有分数的老师，我想做一个有温度的老师，用我的真心对待我的那些还是孩子的学生。

初一第二学期，婷考上了艺校，之后我再没有见到过她，这张照片也成了她初中一年里留给我的最近的回忆。有一次在路上碰到她爷爷，他开心地告诉我："在艺校里，孩子一直是被评为优秀生的。"直到今天，每年除夕夜，我都会收到来自这家人的祝福短信。

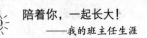
教育有痕，那是不显山不露水的印迹，也是教师的良知和责任。在我看来，学校生活除了上课，除了作业和考试，还要有孩子们的笑声；孩子除了学习，还要有健康的身体和健康的心理，因为他们今后都将走向社会，成为这个社会的一分子。我愿用我的真心，让像婷一样的孩子拥有微笑的权利。

我的"走心术"

就在7月2日，1996届初三（3）班举行了20周年同学聚会。当我冒雨赶到的时候，从上海赶回来的燕子同学立刻冲上来，扶着我的肩膀说："蒋老师，您还记得我吗？您总是和我勾肩搭背地去操场做广播操，那时我觉得自己很光荣，在学校里每天都很开心。"

我当然记得，就是这个燕子同学，让我明白了善待学生不能只是一句空话，而是要用心去做事——学好读心术。我的读心术也是从她开始实践的。

燕子虽然是个女同学，但是语文学科总也考不好。虽然我多有鼓励，但是总不见效。现在想来，我肯定也说过"你怎么又要重默了"的话，或者在点名的时候，狠狠地瞪过她。

记得那年六月，雨一连下了几天还不停。我的"小木兰"摩托车就停在食堂和资料室之间的过道里。那里地势低，下个不停的雨快要把我的"小木兰"淹了。我请几个男同学帮忙，把它推到办公室的走道里。当时在旁边的燕子也上前搭了一把手。那情景我一直记得。当时我勾住她的肩膀说了句："燕子，谢谢你哦。"说来也怪，之后的期末考试，燕子的语文考及格了，并且考了78分。那是100分满分的卷子呢。

我回家和家人分享这件事情的时候，母亲说，那是因为你的一个无意的举动打开了那孩子的心门。母亲的一句话点醒了我。打开心门！要是每一个学生的心门都被我打开了，那我的教学工作不是越做越轻松了嘛。

从那以后，在去往操场做广播操的路上，我总是自然地和燕子勾肩搭背的，燕子也从一个看见我有点怯怯的学生，慢慢变得大方了，也爱思考了，语文成绩也噌噌地直上升，从不及格到及格，再到八十几分，真的神了！

从那时起，我才发现，老师的教学水平是由学生愿意接受多少决定的，那么怎样才能让学生接受我教给他们的那些知识呢？那便是打开学生的心门，让好心情陪伴他们左右！

于是，学生的作业本上时不时会有"你的进步真大""近期作业有点让我伤心哇？有心事呀？可以说给我听吗""你的字真漂亮，能教我吗"等留言。看着他们拿到作业本时惊喜的样子，我也很开心。后来我把这样的书面交流改成了"每日一记"。那是我和学生每天秘密交流的方式。

我自认为这个法子很好用的时候，却不想在小舟身上触礁了。

那天早上，第一节课开始了，小舟还是没有到，我打电话给他妈妈询问原因。他妈妈说，小舟早上六点半就在家门口的车站等车了，她也诧异他会到哪儿去。小舟喜欢唱歌，沉溺游戏，但在班级里，他还是一个安分守己的学生。家人找了一天，终于在闹市区的一个网吧里找到了他。这很让我担心！乘着周六，我又一次去了他家里，这已经是第三次家访了。接到我电话的时候，他爸爸急急地说："呀，家里没有人哇，他妈妈在上班，我在外面。""没事，只要小孩在家就行，我看看小舟，您只管忙好了。"我刚说完，电话那头有人在说："快点出牌吧，小孩让老师去教育好了。"

小舟爷爷在家里。爷爷抱怨地说："小舟一听是老师来了，才关掉游戏的。我一开始就不同意他妈妈给他买电脑，但是他妈妈不听啊，现在好了，手机电脑，样样有了，小孩读书的心思也乱了、散了。"

教育的根在家庭，一个孩子是一个家庭的希望，但是小舟的希望在哪里？一个不停地满足小舟物质上需求的妈妈，一个没有闲暇带小舟走进大自然的爸爸，使他只能活在虚拟的世界里。

那时我真的感受到，家庭教育若不给力，学校教育就会是乏力的。从那时起，我不但继续带着礼物家访，还把家长请进课堂，让他们来主持一堂堂生活班会课。实践的结果是，这样的形式，打开了学生的心门，也打开了家长的心门，为了共同的目标，大家都很努力。已经毕业的2016届初三（12）班的毕业典礼完全是由家长组织完成的。毕业典礼结束后，陈爸爸说："蒋老师，你尝试的这个方法要传承下去，让下一届的学生父母也到学校感受一下。"他又说："我做学生的时候，语文学科是不好的，就是因为当初我觉得语文老师看不起我，现在我从您这里知道了，站在讲台上的那个人，是给我知识的人，是我要尊敬的人而不是我要恨的人。"

我不想让学生在我不知道的情况下恨我，我要做一个能让他们记住的好老师，所以我坚持用心做好我的读心术。

（发表在《苏州德育》2016年6月第6期，总第108期）

教育，让我更自信

我认为，教师是最需要持续学习的职业。在平常日子里，我时刻感受着用零碎时间学习的乐趣；在暑假里，我更享受着用大块时间学习的酣畅。

于我而言，暑假是阅读的最佳时间。读些什么书呢？先读语文课本中的名著吧。要求学生读的书，我自然先要读一读。即使文学性很强的科普作品——《昆虫记》，当整本书连起来读的时候，也不是那么好读的！怪不得学生不愿意读呢！为了和心里的不情愿做斗争，我时不时加点配乐朗读，模仿《动物世界》解说的样子，还把这种方法在班级"优化大师"里和学生分享。读完这本书，我知道法国人也是要吃蝗虫的，甚至作者认为蝗虫的味道，要比亚里士多德吹嘘的蝉好吃多了。除了螳螂，蝎子在新婚之夜新郎也会被新娘吃掉……有了这点见识，我想我再也不怕被班级生物学家小泽同学为难了。我相信，只要把阅读的方式变换成孩子喜欢的方式，他们是会爱上阅读的。相比《昆虫记》，阅读《红星照耀中国》就显得很轻松了。从红军大学到红军剧社，从扫盲班、识字班到前线学习……知道了来路，明白了去向，对比当下，我更坚信我正在做着极有意义的事情。

暑期参加培训既是工作的需要，更是自身专业成长的需要。

聚焦技术的学习，让我认定师生交流要从倾听开始。在教科研培训现场，前辈苏老师说，教育科研要有"种子的信念"。工作7年的任老师说，他的教科研实践始于"上课的时候，老师不必一直站在讲台上"的想法。从此他一发不可收拾，工作7年，他已出版了自己的个人专著。在这些看得见的荣耀背后，是他对教育的探索和坚持。我也看到了自己在这条路上的点滴可能。

暑期阅读和培训调剂着我自主学习的节奏，做公益咨询，倾听家长和孩子的心声，说出我的建议，既能帮到别人，也能让我时刻反观自己。但是，一段路，也许刚走的时候，是充满激情和信心的，但走了一段后，激情会减退，信心会丢失。即使在暑假里，于洁沙龙的脚步也从未停下过，它是让我保持学习激情的大后方，温暖而坚定。

"8月15日，在苏大的10分钟讲座，好好讲哦。"于老师在群里说。我的手机里存了第一次练习这个讲座时的23次录音。放在枕头边，听完其中的9个录音，又练习了3遍。讲座结束，于老师夸赞道："这次讲得比上次还要好，更加自信了。"哦，这样的状态就是自信！曾经担心自己太普通了，登不得大雅之堂，是于洁沙龙激励我坚持做这些小事，努力做好这些小事。

努力做好今天这一刻的事很重要。日日行，不怕千万里；常常做，不怕千万事。教师这个职业注定了要和这样那样的小事打交道，不管是工作时间还是暑假时期，我都在做着一件件教育的小事，它们让我更加自信。

做足过程，评出心里的优秀

对于期末评优，学校传统的评选类别比较单一，无外乎三好学生、品学兼优这两大类。提倡赏识教育和鼓励教育后，班主任对评优有了个性化的展示，出现了"星级""标兵"之类的评优，但大多还是以学业成绩作为主要评比依据。所以，有些安慰性质的优秀奖励并不能真正打动学生的心。

其实，随着教育大环境的变化，教师在期末评优的方式上也需要转变思维，做足过程，如此才能在期末评出学生心中的优秀生来。

一个意识：控制数量保质量

（一）奖项数量要适量

一方面，奖项本身的数量不宜过多，一旦数量大幅度增加，便会失去奖项的含金量，往往让人觉得"不值钱"。重点太多就等于没有重点，这样的话，和激励学生的目的就南辕北辙了。

（二）得奖人数要控制

如果得奖的人太少，学生会被高难度的评比要求吓跑，以至于积极性遭受打击；如果班里一半的同学都可以拿奖，那么将使奖项失去挑战性，学生将会失去兴趣。我觉得得奖比例控制在15%～20%比较合适。

两个模式：雅典模式和斯巴达模式

（一）雅典模式里的民主

期末评优不能简单地做成"为评优而评优"，教育的契机随时都有，我们可以借助雅典模式里的民主与公平，在期末评优过程中，让学生得到民主与公平的意识体验。

1. 量化标准

这个标准就是我们所说的"分数"。这个分数是班级各个奖项下面对应的分值，比如积分卡上的积分，惩罚卡上的扣分，等等。但是这个分数也只是投票时的参考。我们要追求一个综合成绩，将多次成绩按照不同比例合成最终成绩，从而指导学生依据分数给出自己的评判。

2. 民主投票

就是集中一个时间把相应的优秀奖项写在黑板上，请同学们投票。当然先要对学生做这方面的教育，即让他们觉得自己是班级的主人、自己的这一票很重要，所以一定要用心投出这一票。

在实践中，我们发现，学生对于标准是很在乎的，对于自己是不是局内人也是非常在乎的，所以，他们的投票往往能体现获奖者在班集体生活中真实的样子。

（二）斯巴达模式里的严格

期末评优对于学生来说，是一件值得期待的事，所以教师必须严肃对待，否则会失去评优激励和鼓励这样的教育目的。

1. 奖项设定不改动

奖项及标准设定后，一定要严格执行，不能随意地增加人情味。孩子的眼睛是雪亮的，只要稍有变动，他们心里就会对这个奖项无动于衷了。

2. 评奖程序合规范

评奖要营造一种氛围，要有一种仪式感，要给学生"现在是评奖时间"这种意识，这样的氛围才能让学生认真思考、用心投票。学生投票后教师要当即唱票，在黑板上计算出总票数。最后还要宣读参与投票人数和实际投票人数等，每一个环节都不能少。

三个步骤：做足过程，评出心里的优秀

对于期末评优，班主任心里要有一个意识，同时应将贯穿全程的模式牢记于心，在行动上也要有所准备、有所延伸。

（一）设计评优方案

对于评优，班主任要做到心中有数，自己的班级自己做主，设计出一学

期都能推行的评优方案，心中有底了，眼里才会有学生，手上才会有评优的项目。比如，对于一些优秀项目的设置，可以事先在学生中征稿，多听听学科老师的建议，然后结合班级的人数、男女生人数等进行完善，最后在班级公布一学年中班级的奖项，如来自学生和学科老师的奖项等，如此才会激发学生竞争的意识和动力。

（二）展示评优结果

对于获奖的学生，可以请他们写出获奖感言，给他们拍照，然后将照片和感言一起做成展板，张贴在教室外的走廊上。这样一来，不管是学生还是家长，都会驻足观看，这无声的力量能感染学生。

（三）组织颁奖仪式

对于评优的结果，除了展示，还要举行简单的颁奖仪式。当然，最好先选出颁奖的学生，还要请颁奖学生准备好简短的颁奖辞，学生很清楚，颁奖辞一定是获奖者的"优点和亮点"，这样他们才会自主自觉地去发现别人身上的优点和亮点，并将其化作自己笔下的文字、口里的声音。这是一种润物细无声的自我教育。

总之，评优只是为了让孩子更好地成长，不应该灌输"有奖状的才是好孩子"的观点，不可过于抬高获奖孩子的地位，应该引导孩子有正确的竞争观念。

（2018年6月28日被人民教育每周一问期末评优话题微信录用）

我和我的任课老师们

细细数来，和我搭班的任课老师还真不少，提笔之际，2016届的伙伴们的身影已跳到我眼前。

那一学年，我实践着家长课堂；那一学年，我还想借鉴于洁老师的做法在班级管理中尝试"一周得意事"。"一周得意事"，即学生连续5次默写获得优秀，便奖励其和任课老师合影，这个办法特别适合文科。但进入初三后，我开始有点担心，担心任课老师会觉得初三还安排这些活动是浪费时间，担心硬是挤时间搞活动会被认为是有所企图搞形式……

开学前一天班级任课老师集中见面时，我坦诚地向伙伴们说出了我的想法，他们居然都很赞成，还说初三是要让学生有见缝插针的放松时间的，这样学习效果也会更好。但他们也告诫我："坚持做，千万别搞形式主义。"有了他们的支持，我也来劲了。就这样，我把"一周得意事"给了文科老师们。

查老师，是班级的第二任英语老师。每一次有学生和她合影，她总要特意装扮一番，她也总会对他们说："查老师是在和将来做大事的人合影，所以不能马虎的。"渐渐地，能和她合影的孩子越来越多。"一周得意事"被她发挥出了最大的持续性效果。期中后，化学老师吴老师提出："化学是理科中的文科，理应是'得意事'的组成部分。"于是，化学和历史成了同频道的学科。

家长课堂当天，有些家长会早点到学校找老师说说孩子的事，有些家长则会在家长课堂结束后带着孩子找老师问问孩子的情况。后来，我的伙伴们都不约而同在那一天推迟下班，在办公室或教室里等候家长的到来。黄老师是班级的第三任数学老师。他总是会早早地坐在教室后门口，和早到的家长交流。渐渐地来参加家长课堂的家长越来越多，我想，这也是原因之一吧。

我不喜欢任课老师遇到不遵守课堂纪律的学生就把他交给班主任处理，更不喜欢任课老师在课堂上用尖刻的语言批评学生后却要班主任处理学生的不良情绪。我的学生喜欢听黄老师的数学课，更喜欢听他的批评。他会对上课走神的学生说"乖乖隆地咚，几何加代数，上课不听讲，怎么考高中"，他会对板演只写结论的学生说"过程不走，吓死宝宝"。他也时常对我说："你们班这些孩子真的很有上进心。"听他这么说，我也很开心。中考前一个月，他和我商量，要用每天放学后的时间，为几个学业在最前面的学生开通提优直通车，每天开放一个名额。这意味着他每天要很晚回家，他家里人答应吗？他对我说："没事的，我孩子上大学了，我老婆会理解我的，班级里那几个尖子生，在这个阶段要特别关注好，数学是一门大科，拉分很容易。"就这样，我和他搭档，为学生开启了真正意义上的"一对一"考前辅导。每天接受辅导的学生有很多，只要是向他请教的学生，无一例外都能满意而归。

寒假结束了，我想在开学第一天举行一次主题班会，以此提振孩子们的精气神。教物理的杨老师提议，把他曾经的学生，现在就读于北京大学的马同学请来，给班级学生讲讲应对中考的学习方法。他说，学姐说话比我们讲道理更有用。他说得没错，那个学期，孩子们特别喜欢走进办公室问问题。用孩子们的话说："北大学姐说了，学习除了听课做题，还要学会一种本事，那就是"骚扰老师"，因为每个老师的抽屉里都有存货！"

教育是一场连着各方的集体行动，班级管理就像是在演奏一首歌，班主任的管理理念和行动是主音，任课老师们的配合协助是和弦音，几音同奏，和声效果是丰满而强烈的。在班级毕业典礼上，全班的孩子和家长，全班的任课老师，一起为孩子们祝福。此情此景，让我异常激动。一学年里，我们弹奏着合作共赢之歌，"一周得意事"真的成了孩子们的得意事，家长课堂也成了家长和任课老师探讨教育方法的有效课堂。正是有了伙伴们共同弹奏的和弦音，班级管理的主旋律才得以高扬。

且行且思且成长

在与学生的遇见里，我心甘情愿地付出了爱心、耐心和恒心，也在点点滴滴中感受着教育的美好。但总有一些不想提起却时时会想起的戳心事，它们就像踩在脚底的湿泥，却也时刻提醒我要做个真正的好老师。

案例一：那双眼睛

初三学习很紧张，时间要靠抢，尤其是第二个学期，老师们发了疯似地发试卷，学生们也跟风似地刷题，可怜见地还要与春困做斗争。

那天中午，我抢了25分钟想让学生练一练基础知识。学生做完一题，我随即在一旁批阅一题，师生配合很默契。就在我转身到第四组时，看见小峰趴在课桌上睡着了，口水淌在了试卷上。"才几分钟啊！"这么想着，我抬起手，使劲在课桌上拍了一下，小峰跳也似地抬起了头，然后睁着有点发红的眼睛看了我一眼，立马拿起笔写起来了。也不知怎么了，在看到他眼神的那一刻，我真的觉得自己过分了，我想对他说对不起，可最终还是没有说出来，一直搁到今天，都没有说出来。很多学生像小峰一样习惯了老师的"威严"，他们会自认为在考试的时候睡觉是自己做错了，所以不会抗拒被批评；大多数老师也会像我一样，第一反应是学生在考试时打瞌睡是不对的，不管用什么方法提醒他，都是为他好。这么多年来，我时时想起这件事，也时时想起我自己做学生时打瞌睡的样子。

学习是需要时间的，学生打瞌睡，也许是晚上很晚才睡觉的，也许是春困犯了，但那时，我真的没有关注这些现象背后的原因，只想抓紧时间完成我的任务。甚至还对学生说，你们看，为了你们的中考，老师都那么拼了，你们有什么理由不拼呢。

当教书的日子一天天厚实起来的时候，当我敢发出这样做不对的拒绝声的时候，我才真正明白，做老师的不能把学生往"吃快餐"的路上带。学习是一个潜移默化、春风化雨般的慢过程、慢享受，没有享受，学生也不会体会到学习的乐滋味，那哪来的上进心呢。我开始努力改变自己。

案例二：我的孩子在你们手里

春天一到，学生的事情特别多。那段时间，小季每天在"每日一记"里向我告状：小颖引诱她同意了小兵加她QQ的请求，小兵不但在QQ里不停地向她发出各种请求，还在班级里说，高傲和冷面的小季只要他一召唤就会跟他好。为此，小季很难过。我安慰她，还跟她父母说了这件事。小兵彬彬有礼，也很文弱，我找他私聊时，他只承认加了好友。我也批评小颖不该撺掇同学互加QQ。这样不痛不痒的教育，表面上看阻止了他们在班级里的过分行为，但也因为我的"提醒"，加深两个学生之间的矛盾。毕竟学生是不喜欢被老师发现他们的秘密的。

星期六，我手机上出现一条短信，内容是"呵呵，明天要上学了，终于又可以看见她了，真开心"。短信是通过小兵家长的家校路路通发出的。联想到小季的告状，正愁找不到"证据"呢，他倒自己送上门来了！我立马给小兵妈妈打了电话，把这件事告诉了她。电话那头，她妈妈似乎很不相信，说："不会吧，他还那么小，是不是那个女生自己在找事情啊。"我一听就来气了，不客气地说："我收到的短信是你的手机号呀，小孩说的这些话，是有同学作证的呀！你做家长的，怎么遇见了事，推得这么快、这么干净呢？"这次通话以后，小兵变得更文静了，不再和我交流了，"每日一记"也只记些"今天天气怎样"的话。

期中家长会结束后，小兵妈妈摇着小兵的课桌说："我孩子的课桌怎么摇摇晃晃的，叫他怎么写字啊。"原来，课桌四个脚中有一个桌脚上的塑料包块没有了。我说："没事的，我来垫点东西。"她说："那还是不平啊，不用了！反正小孩在你们手里，只能这样了。"其他家长惊讶地看着她，只有我知道是怎么回事。我的言语引发小兵妈妈心理上的反感和抗拒，她对我这个班主任是有意见的。但就像她说的那样，孩子在我手里，不能造次，不然孩子在学校会受到来自老师的冷暴力。要命的是，我那时并不觉得自己是在做暴力沟通。

这件事搁在我心里有几年了，正因为我想马上把事情解决好，于是我成了一个"偏袒、势利"的老师。这个裂缝在我和我的一个学生之间永远无法弥补。我为自己学了教育专业知识却还在用村妇吵架的气势，还在用"师道尊严"处理这件事而羞愧。山谷有回应，缺少真诚和善意的暴力沟通是无效的。在学做老师的路上，我也在不断学习。如今，不把家长请到学校，不在电话里向家长告状，也成了我自定的职业底线。

一张表格里的秘密

8月31日是初一新生报名的日子。学生们坐在教室里，双眼盯着我，听我发出这样那样的指令。家长们拥在窗户前，看着教室里面发生的一切。

这些还是小学生模样的新生，来自不同的小学，之前他们中的大多数人是互相不认识的，我做的第一件事就是点名。每点到一个同学，我都要附上我的评价，如"你喜欢运动哦，希望在接下来的校运会中能一展风采""你字写得很好啊，不管什么时候都要保持哦""喜欢读书的人将来必成大器，在过去的几年里你读了不少书，到了初中，这个爱好要继续并优化"。听着我的点评，孩子们乐滋滋地坐下来。第二个环节是排座位。初定和最后确定座位，我是有话要说的，那就是视力问题，并建议学生今后要少盯手机和电脑屏幕。

每每这时，窗外都会传来家长们的议论："呀，这个老师不得了，什么都知道""我家孩子就是这样的……"

其实，哪里是我什么都知道。有备才能无患，我只是提前备了课，对学生的信息做了初步的了解。对于新班主任来说，这也是很重要的开学第一课。那要通过什么渠道了解班级学生的基本信息呢？

答案就在一张表格里，一张小学生毕业登记表里面已经记载了学生的基本信息。

班主任首先要看那张表格上学生的照片和姓名。在与学生见第一面时有那种似曾相识的感觉，就是因为这个环节起了作用。另外，若预先读一遍学生的姓名，就不至于在点名的时候出现误读。我一直记得班级一位学生的名字是

"珩衍"，而开学典礼上，却被颁奖的领导读成了"衍衍"，以至于珩衍同学在"每日一记"中说："我的名字今天又一次被读错了，从小学到现在，我也习惯了，被读准确反倒是件怪事了。"

其次，表格里面还有学生的出生年月，老师要关注学生的生日，必要的时候会派上用场的。学生父母的基本信息是要看的，主要是了解学生父母的工作情况和文化程度，孩子的问题很多时候就是家庭教育的问题，这有助于班主任在日后发现并处理学生在学习生活中出现的一些问题。比如：学生作业完不成，学生沉迷游戏，联系不到家长等时，可换个角度看待问题，也能有意识地反思自己的管理是不是越权了。

再次，是了解表格上记载的学生在小学时的学业情况。包括六年级毕业考试成绩，虽然成绩是以优秀、良好、及格、待及格等来呈现的，但也可以从这个结果反推学生的学习能力，如偏科情况、接受能力的强弱等。对于这些信息，班主任要做个有心人。有些学生学习能力确实有限，在施教过程中，要适当对其降低要求和标准，并与任课老师协商制定这类学生需要达成的学科目标。当然，这些学业成绩也将是学科代表和班干部选拔的一个参考依据。

最后，表格中记载的学生视力、所获荣誉等信息也是有大用处的。前者是在安排座位时要考虑的细节，后者在荣誉栏中会有学生特长的呈现，那是挑选班级或学校活动"台柱子"或班干部候选人的参考依据。小学班主任的评语那一栏必须仔细阅读揣摩，再委婉的评语也有学生在某一方面需要再努力地提示。

当然，根据这张表格中的信息，还可以设计一张初中三年都能用的家校联系单，如下表所示。

班级		姓名		性别		出生年月		生肖	是否是少先队员	
籍贯		身份证号				手机			是否是三好学生	
	姓名		单位			手机			爱好|特长	
父										
母										
住址					户籍地					
宅电		荣誉1			目前主要和哪些家庭成员生活在一起					
		荣誉2								

　　一张小学生毕业登记表以及由其延伸出的家校联系单，可以帮助班主任省时省力地掌握信息，免去很多询问之烦劳。

我和学生这样交往

在这学期所接的班级里，有一个学生只要是上英语课就不愿意进教室，问他，他说："我和英语老师八字不合。"其实，类似和任课老师"八字不合"的学生还有不少。教师工作上的不少烦恼也正是源于那几个"八字不合"的学生。

古人云：亲其师，信其道。学生心里有一杆秤，当我们把学生的话语权还给学生，让自己真正成为师生交往中的平等对话者时，我会发现，学生其实很懂事，教育过程其实也没有那么艰涩。

一、我们在"每日一记"里交流

积极心理学把人分为"安全型、专注型、冷酷型和恐惧型"四类。作为班主任，对于这四类的学生，我们都应该一视同仁，给予其关爱、温暖和安全感。我该以什么样的方式给学生安全感呢？举行仪式、考试成绩评定、撰写评语等都是理性的方式，最终我选择用"每日一记"的形式和学生每天做书面交流。学生每天记录下自己的所见所闻、所思所想，我每天要写上我的每日评语。说是评语，其实是针对学生写一些安抚、宽慰和赞同的话语。在"每日一记"里，学生什么事情都和我说（当然，前提是我从来不会把他们写的内容随意告诉任何人），家里、学校的事情，父母之间、同学之间的事情，课上的、课后的事情，校内、校外的事情，开心的、不开心的事情……另外，他们每天最期盼的事就是能快点读到我写下的点评，那里有他们需要的精神食粮。这么多年来，"每日一记"成了我和学生每天交流的主阵地，因此，我也很少另花时间找学生谈心。在"每日一记"里，当我用文字对每一个学生表示着理解和接受，并无条件地接纳他们、无条件地尊重并温暖着他们的时候，我发现，引导他们向积极正向的方面发展是不难的。

二、我们在教室里互动

积极心理学说，快乐让我们更具竞争力。"每日一记"舒缓着学生的情绪，实现着师生之间的平等交流，但是师生之间平等的对话场所不止这一处。在教室这样一个透明的空间里，我和学生在课间的互动，其中的幽默和快乐常常是下一节课的助兴剂。课代表会时不时抛出一个话题，或者是历史知识，或者是物理现象，我虽然不是行家，但也积极参与讨论，有时会被学生笑话，但那又何妨？笑过之后，学生的竞争意识被激发出来了，我则收获了这种平等争论中的快乐和教育的效果。也有老师曾经非议：这样的场面很不得体，会影响学习的效果。但从教学结果看，参与教学活动的主体——学生，因为高扬的情绪和积极正面的努力，在学业上都有了极大的提高。

三、班级微活动里的平等

学生是学习的主体、班级的主人，但他们的在校生活不应该仅仅是文化科目的学习，还应该有更丰富的生活色彩。我们学校的特色是以活动为载体，因为集体活动能发挥娱乐、导向、育人的功能。但是集体活动因受时间、场地、规模等限制，不能顾及班级全体学生。我尝试用班级微活动的形式让学生做回班级的主人。

班级之星评比是全班同学海选，能否入选，全凭所得票数。评比、评选活动，对老师来说是放手，对学生来说恰是一次很好的自我评判、自我教育机会。许同学在"每日一记"中写道："杨同学是我的好朋友，我本来要选他的，我最终还是没有投他一票，希望他理解，并改掉自己平时言语不文明的坏习惯。"

举行班级颁奖仪式，活动时间很短，只有几分钟。对颁奖对象也是有一定要求的，或者是英语默写达标的，或者是课桌整理得特别干净的……因为设置了颁奖对象的门槛，颁奖这样小小的活动成了学生特别期待的事情。于洁老师和任课老师合影的活动，给了我启示，我们把它设计成了"一周得意事"微活动，活动的每一个环节都是学生设计，我只提出自己的想法。

教师只有用适合学生的有效方法，而不是用自以为有效的方法教育学生，才能在主观上实现师生之间的平等对话。班级微活动的开展，不费时、不费力，还能锻炼学生的能力，让他们做回班级的主人，就像他们的口头禅：我的班级我做主！

教育是目的性很强的活动。作为发展中的个体，学生对自我缺乏正确认识，还是要由教师带着前行的。所以我理解的师生平等，不是教师放手且对学生没有积极引导的平等，师生之间的对话还是要有教师的积极指导的，这是学生自主发展的需要，也是教师必须要承担的责任。

我拿什么笃定地站好三尺讲台

毕淑敏说："很多人在人生目标确立这个问题上是飘忽不定的，相当多的人都遭遇到了相当程度的朦胧或是混沌状态。"我曾经就是这相当多的人中的一员。

高级职称尘埃落定后，教书的日子一如既往地进行着，可这样的日子似乎少了以往的紧凑，我迷惘却又很心安理得地重复着踩着铃声过日子的教书生活。

2016年年初，我跟随蒋玉莲校长去杭州蹭课（当时苏州市名优班主任工作室的主持人要赴杭州学习），那两天真是让我开了眼界。教育色彩，养心课程，小组研学……这些新鲜的词语、没有尝试过的做法，都搅动着我的心，让我热血沸腾！原来教育可以做得这么有趣、这么精致！

从杭州回来后没几天，蒋校长邀请我加入于洁沙龙，并郑重地告诉我"名额有限，过时作废"。当时我一听到"沙龙"二字，第一反应是那是一个"高大上"的圈子，我的层次太低了，我会出丑。蒋校长又说："如果加入的话，每周三晚上8：00—10：00要准时参加活动，否则要被踢出来的。"听了这话，我更加紧张了，一来我的孩子读高中了，每天晚上九点半后把上夜自修的孩子接回家对于我来说是头等大事。一周一次就让家里其他人接孩子倒是可以的，但要是被踢出来，那该是一件多么丢脸的事啊！我真的不确定我能不能做好，也不知道在沙龙里要做些什么。最后还是在蒋校长的鼓励和家人的支持下，我诚惶诚恐地走进了于洁沙龙。

从学会在手机上用QQ到学会抢先报名，从发出自己的声音到整理大家的稿件，从学习伙伴的经验到分享自己的做法，从写出自己的第一个案例到参与编写《中小学生守则解读教材》和《见招拆招》这两本书，一路走来，我开始笃定并沉静起来。用心做事，一切都会变得美好！我也越来越真切地感受到沙龙适合我，我也需要在这样的氛围里历练和成长！

每周三晚上的两个小时里，在于老师的带领下，不曾见过面的我们，在纯净的氛围里，说着教育的事，议着教育的事，没有干扰，没有挤兑，目的只有一个——抱团取暖。不知不觉中，相约星期三成了我生活的一部分，如同吃饭睡觉一样，敬畏之心也在我心里日渐滋长。

教育如此美好，当初是我选择了它，如今是它吸引着我，让我迷恋。我记得我写的第一篇案例是《学会好好说话》，写的是我坚持了八年的"每日一记"师生交流方法。这篇案例得到了于老师的肯定，它也与她的立情治班教育理念相吻合。也是从那时起，我明白了教育不是束之高阁、遥不可及的，它就在我们的身边，就在我们过的每一个日子里。当《你的画笔温暖了我的世界》被《德育报》录用，《2016届初三（12）班班级毕业典礼方案》被人民教育微信录用的时候，我更加坚信"教育是渡人渡己"的善行。

林语堂先生说，怀着那种好心情、好精神的人，行的善事更久远。这话一点也不错。十月份，于老师带着我们不曾见面的几个人走上了苏州大学的讲台。我把我的《享受和学生的感情》向上百位一线班主任做了分享，这一次历练让我最开心的是我发现我也可以帮到别人了。其实何止是这一次，在沙龙里学到的不少教育方法、管理技巧、沟通策略，都让我在学校班主任工作例会上大显身手，教育让我更多了一份自信！这份自信源自于洁老师渡人渡己的教育情怀——用一颗善心做教育的事，没有做不好的。我钦佩于老师的教育智慧，更敬佩她对教育使命的敬畏，对教育的一份深情，也是她带着我走进了教育的美好地带。

教师的发展需要外力推动，教师个体的进步更需要团队的裹挟而行。和优秀的人在一起，能看到更广阔的天地，也会走得更远。在于洁沙龙的几年里，我从不确定自己将要做什么到明确自己每天要做好什么，从坚定明天我能做什么，到笃定自己能在自己的一亩三分地里耕耘出属于自己的甘甜，我越来越相信用心做事、细心前行、善心铺路，便没有做不好的事。2018年新年伊始，我对自己说，每一个努力的日子都是对生命的不辜负，更是对新时代的不辜负！

（发表于《德育报》2018年1月1日，总第14444期）

教师是最需要学习的

——写给2019年新入职的老师们

教师是最需要学习的。

年轻人有的是干劲，但请记得，初入职的新鲜感是一时的，唯有学习才会让你终身受益，只有持续的学习才能让你初为人师时的教育情怀和教育理想持续发光。

"师者，传道受业解惑也。"要给学生传道，教师便要先有道，那么为师之道从哪里来？从学习中来，从反思中来。想想也是，教师自己不会学习，怎么能教会学生学习？站在新的起点开始一场与自己的赛跑，需要坚持不断地学习。

一、你要向自己学习

今天我能走上讲台，不是偶然，也不是侥幸，是我自己在过去近二十年学习生涯中坚持优化前行的必然结果。从小学到初中，从初中到高中，再到大学，以及入职前各种选拔考试，都是对千军万马过独木桥的勇气的一种考验，这里面有我们内心锁定的目标，也有我们的初心。如今再回味，经历都已经成为过去，但这份为了目标矢志不移地优化前行的坚持与努力，是一笔可贵的财富。教师的工作，每天大同小异，上班下班、备课上课、批改作业……一不小心就会磨损自己最初的教育激情和理想。所以，要时常向自己学习，不管什么时候，都能保持前进的样子。

二、你要向身边的人学习

教书育人不是舞台表演，它需要静心，需要潜心，如果每天热热闹闹的话，是没有心思做事的，也是做不好事的。在一次培训中，坐在台上给我们讲课的是一位工作了七年的年轻教师。给我们讲课时，他的第一本专著正在印刷的路上。这看得见的荣耀背后所呈现的，不仅仅是聪明，更是用学习把自己约束在教育天地里的自律。

不经历风雨，怎能见彩虹？道理人人都懂，行动却不是人人都能坚持的。在我们的身边，喜欢钻研的教师有不少，他们中有的精通教学构思、擅长板书设计；有的擅长出题做题、分析反思；还有的善于班级管理、师生沟通……一位新入职的老师说："我听师父一节课，再上一节，可是，一样的内容，师父能上完，我怎么却上不完哪。"谁说不是呢，教师工作的专业性很强，每一个环节都值得潜心研究，钻进去了，就会觉得可做的事、能做的事很多很多，我们的能耐也就随之显现出来了。

一位工作一年的班主任曾向我求助，班级里一位学习优秀、性格活泼的女生给她发了一条很长的短信：班级一位男生的妈妈在外边说这位优秀的女生是她儿子的女朋友。女生在短信里检讨自己平时可能开玩笑时和男生说过喜欢他，但那只是开玩笑。请老师向家长说一下，不要在外边传这样的话。年轻的班主任问我要不要阻止男生家长说这样的话。她照着我的方法做了，学期结束时，她感谢我说，幸亏听了我的话，啥事也没有，否则没事也被搞出事情来了。其实我只教了她八个字：无须答复，静观其变。我给出的方法是从哪里来的？其实也只是自己在十几年的班主任工作中不断学习积累起来的经验而已。

实事求是地讲，新入职老师的知识水平要比工作十几年甚至几十年的老师要"新"一些，此时，他们缺少的只是经验和资历。教师工作千万头绪，真正沉下心来做，每一个点都是值得研究的。也许你一个早上忙得不可开交，而身边的老教师做着同样的事却忙而不乱；也许你面对学生的捣乱束手无策，而身边的老教师却能从容专业地扭转乾坤。这就是专业，这就是风格。

别人的经验要借鉴，但要成为行家里手，还是需要亲身实践。虽然回报不一定在付出后立即出现，但请相信，生活总会给出答案。在今后的工作中，面对个性差异很大的学生，没有固定的公式可以供我们套用，我们还是得在学习中一步一个脚印自己往前走。

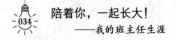

　　学习的通道还有很多，我们可以向书本学习，在阅读教育教学专著中积累理论功底；还可以向学生学习，几十个学生的智慧总比老师一个人的智慧要多，有些活动应放手交给学生自主完成，要相信他们会做得更好。

　　教师行业是最需要学习的一个行业。初踏岗位的欣喜最终会褪去，成长的道路是要靠自己坚持走下去的。趁着年轻，学习学习再学习，这不是功利，这是专业成长的需要，也是积累资历的需要。一个会学习的教师才会有反思，一个有反思的教师才会多智慧，一个多智慧的教师才会把教书育人做得游刃有余。愿我们都早日成为那样的老师。

什么样的人适合做老师，愿意做老师？

教师这个职业被誉为"太阳底下最光辉的职业""教师是园丁，教师是蜡烛"。对教师的这种形象的定位和要求，在一代代人心中扎下了根，所以当我今天在家长群里抛出"什么样的人适合做老师"的时候，我收到了家长们的心声。

一、家长的话

"有责任心、耐心、爱心，有亲和力的人适合做老师。"

"有良好的思想品质、身体素质、心理素质，而且有广泛的知识面的人适合做老师。"

"心胸开阔、博学的人适合做老师。"

"有亲和力，会理解、关心孩子，会分析每一个阶段孩子的心理变化，能帮助孩子顺利度过青春期，这样的人适合做老师。"

我听过于洁老师的讲座，她的讲座中涉及的每一个案例，都使我深受启发。那个被长发遮住脸缩着脖子与福利院孩子合影留念的学生，在于老师春风化雨般的引导下，不但露出了脖子，最后把整个脸、整颗阳光的心也大胆地露了出来，这需要教师有何等的耐心和爱心啊。于老师广博的知识面，实实在在地帮助到了学生。我想，教师的学科专业能帮助学生找到正确的答案，提高考试的成绩，但如能掌握学科以外的知识，对学生的影响才是更久远的。

二、老师的话

已经做教师的人，大多数有一种职业的倦怠感。为什么呢？当我把这个话题抛给同事的时候，我收到了这样的一些答案。

"有韧劲，兢兢业业，任劳任怨。会调动学生，钻研科研。"

"你适合做老师。"同事这样对我说。2012届学生要填报志愿了，乔的妈妈在家长会后，还是不知道要怎么填写，第二天一早又到学校找到我，咨询我以乔的分数可以填什么样的学校、什么样的专业。当我列出一些学校和专业请她自己挑选后，她又一一否定；我让孩子跟她一起选择，这位妈妈又一次全部否定。最后在我的旁敲侧击试探后，我才恍悟：她是要让女儿上高中，但是又知道她女儿的分数不够。办公室里的同事们在受耳扰之后便说："你适合做老师，你有超强的忍受力。"

三、我想说

我没有想过我会做一名老师，但是我做了老师。

适合与否，关键在于能否顺应自己工作的环境，顺应教育的大环境，跟上时代前进的步伐，顺者合适，不顺者不合适。

能埋头苦干，更能经常抬头看路，就是顺应。参加了各类培训，才知道外面的世界这么精彩。教育方法不仅是理论，更多的是实践。丁老师的"每周记事"提醒我，合影留念也是一种有趣、有效的教育手段。所以这两个星期默写满分的学生越来越多，学生也越来越在乎每天的识记质量了。

善于打开学生的心门，就是顺应。我坚持了8年的"每日一记"，居然成了我和学生说悄悄话的秘密武器。也是"每日一记"，让我悄然无声地打开了学生的心门，学生心门打开了，什么事都不是个事了。

做好家校合作教育的功课，就是顺应。教育的对象是学生，他们是一群无知无畏的孩子，他们生活在一个质变的时代，如果家庭教育滞后，就会影响他们健康成长。2015年3月，我尝试实践家长班级，开设家长课堂。一年实践下来，家长热情高涨，参加的人也在增加。原因是什么？凡是来上课的家长，他们的孩子在学习上的精气神会明显提振，文化成绩提高也很快，家长们也越来越珍惜这样的机会。他们在班级群中说，用这样的方式，把自己想要对孩子说的、做给他（她）看，效果远远比每天费口舌好。感谢老师给他们这样的机会。

所以不管适宜与否，一旦遇上，我们都无须拒绝，笑着面对，不必抱怨。遇到的学生，善待；经历的事，尽心。

班主任工作——重重压力下的坚守

班主任是最小的主任却管着最多的兵，班主任工作也是教师生涯的必修课。这几年，虽然班主任待遇提高了，但每年安排班主任时，总有老师竭力推辞，问问同行，看看周遭，这样的现象很普遍。很多老师尤其是年轻老师不愿意做班主任。究其原因，我认为有以下几个因素。

一、班主任工作被沉重化

一直以来，班主任是以"老黄牛"的形象出现在人们面前的。现代社会，人们的价值观正发生着变化，报酬要多，生活要轻松，这种意识已经深入人心。"老黄牛"则意味着要倾力劳作，埋头苦干不求回报，这显然与现代人的价值观不相符合。

二、付出的不仅是时间

班主任的付出真的很多。工作时间上，一个初中班主任平均一天在校时间为10～11个小时；工作范畴上，一个初中班主任除了要上好自己的课，还要管理班级的日常事务，要完成学校或上级安排下来的教学或非教学事务，处理突发事件，完成家长的一些"任务"，协调各科的教学工作，等等；绩效考核上，班主任的工作是不能算工作量的；危险系数上，班主任站在学校教育教学工作的最前沿，很多涉及学生的事件都是由班主任处理后，才会一级级到达学校层面的。在这个过程中，有什么不愉快甚至意外都要由班主任自己承担。同事班里有学生放学后没有回家，家长在还没有见到孩子面的情况下，直接到教育局投诉，说孩子是被班主任批评了才离家出走的。虽然两天后在网吧找到了孩子，也弄清楚孩子不愿意回家的原因，但同事的工作积极性大受打击，班级管理也出现了明显滑坡。

三、理想和现实是矛盾的

也有班主任说，自己想做好、想尝试，但是条条框框的约束太多，要承担的责任太多。和学校的教育秩序有了冲突，只能服从大局；与家长的诉求不同步，出了事情要自己承担。谁愿意没事给自己找麻烦呢？

四、社会的评判很犀利

眼下，学校教育、教师施教行为受到的监督越来越多，这固然有利于规范教育教学行为，但人是感性动物，过多剥离事件经过、片面地点评事件的做法，放大了学校及教师的负面影响，也加重了班主任的心理和精神负担。比如几年前上海老师的撑伞事件，体现了融洽的师生关系。事件中的老师和学生都应该是开心的，但是经过网络这么一传，都变味了。有了这些教训，没有做班主任的暗自庆幸，做着班主任的心里慌张，唯恐自己一不小心撞上这样的事。犀利的社会评判给一些老师的心理暗示是：不能做班主任。因为班主任和学生接触时间长，期间难免会有一些磕磕碰碰，有时候，班主任的一个无心之举就可能给自己甚至家庭带来伤害。

五、学生家庭教育缺失

很多家长习惯性地认为，把孩子送到学校，教育他们就成了学校的事，就成了班主任的事。家长对老师的要求不再限于课堂知识的传授，还希望老师能关注孩子的方方面面，认为孩子的心理健康、个人卫生、学习习惯、文明礼仪、人际交往等，都是班主任要管的事。其实如果没有家庭教育的配合，班主任要想很好地完成这些事，是很难的。

另外，不愿意做班主任还和老师的个人素养有关。有的老师缺乏教育情感，把工作仅仅当作谋生的手段；还有的老师缺乏教育的意志力，自制力和耐挫力也较差，而班主任工作最需要的就是耐心和意志力。每天面对学生这样那

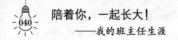

样的生活、学习、心理琐事，缺乏教育情感和教育意志力的老师会觉得无比烦琐，因而会拒绝面对。

　　学生的成长每天都在悄然无声中进行，学校需要班主任，而对老师少一点苛责、少一点干扰就是对老师最好的支持。值得庆幸的是，虽然压力重重，我们依然能看到很多老师坚守在班主任岗位上，不为名、不为利。对于不想做班主任的老师来说，即使不是压力重重，也还是无法回避学校教育就是面对孩子并助其成长这个事实，该挑的担子还是要挑。因为只有坚守，教育才会更有力量。

顶层·习惯

——落实管理之路

2

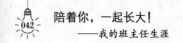

做好顶层设计，放手卫生管理

孩子们在家里很少做家务劳动，所以对于搞卫生还是很无力。所以，每接手一届学生，我都是从班级卫生工作指导入手来开展各项班级管理事务的。

一、做盘算，划区域

班级卫生要搞好，班主任先要做一个整体盘算，把学校德育处、总务处、团委、少先队等有特殊要求的任务一起划入班级卫生工作规划中，在这个基础上，规划一下自己班级要完成的卫生区域有哪几块。这些区域，我除了口头强调，还以书面形式张贴在教室醒目位置，以便学生也能做到心中有数——我们班级有几块卫生责任田。

（1）室内卫生，包括地面、桌面、黑板、窗户、边边角角、公共区域、个人区域。

（2）室外卫生，包括包干区、走廊。

（3）其他区域，主要是学校其他部门划拨给班级的卫生包干区，像停车场地，校园内公共道路、绿化带的卫生清洁和维护等。

二、定人员，配任务

班级卫生区域划定后，我会根据班级总人数、男生女生数，合理分配任务。体力、搬运类任务分配给男生，需要细致才能做好的任务交给女生。像倒垃圾这类任务交给做事利落的男生去做，饮水机保洁交给做事细致的女生做。

按照"人人有事做，事事有人做"的原则，分配任务，并落实到每一个同学。当然，这个分配不能只在嘴上说，还应该最终落实在一张值日生表上。所以，与定人员、分配任务同时进行的，是还要制作一张清晰的值日生表。有了班主任前期用心的盘算和规划设计，最后张贴出来的值日生表，才会更便于学生互相提醒该做什么，该由谁做了。

三、班级议会抓管理，有实效

任务规划好了，人员分配好了，要想让班级卫生工作运作得更有效果，还得有人管理。于是我建立了学生劳动议会中心，推举学习能力强、品德好、有威信的5位学生组成班级劳动议会中心。当然，劳动委员必须在其中。

这个议会中心做些什么工作呢？他们首先要做的是根据我的值日表和区域分工，制定各个区域卫生达标的指标（标准）。实践告诉我，学生制定的卫生标准，比老师制定的管用也好用。其次，随时检查班级卫生的完成情况以及达标情况，每天汇总一次。不合格的地方在教室醒目处公布，并组织成员讨论改进的办法和措施。最后，把解决不了的问题、"屡教不改"的名单一起汇总给我。

四、顶层设计重指导，有决策

放权给学生劳动议会中心，是把班级卫生问题在班主任的规划范围内交给学生自主管理的有效办法。但是学生毕竟是孩子，他们遇到一些老大难的问题时该怎么办？首先，班主任要出面，做好顶层设计的最后一个环节——决策指导。劳动议会中心同学遇到一些突发事件、老大难问题时，会寻求我的帮助。收到学生的求助后，我会第一时间赶到。除了疏导他们的情绪，重点指导他们解决遇到的困难外，这个时候班主任的立场显得尤为重要，必须站在议会中心同学这一边，强调各个区域卫生的达标要求。其次，班主任要再次明确班规，把班级卫生达标要求上升到一个高度，让学生觉得这件事不是小事，而是关乎班集体荣誉的大事，不可马虎。再次，班主任要实地查看，弄清问题反复出现的原因，并提供可行的措施和办法。比如，黑板槽里的粉笔灰总是清理不干净，是因为值日的同学没有做，还是黑板槽两头确实很难清理？如果是前者，

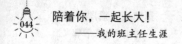

那就动用小组合作形式，让学生互相提醒；如果是后者，那么就要帮学生想办法，彻底解决这个问题，比如提供清理工具，手把手地教，等等。

班级卫生工作看似是一件小事，里面却隐含着很多做人做事的智慧和技巧。既然如此，班主任何不把这个锻炼的机会交给学生去做呢？

我的班级我的家

班级文化建设评比活动将持续一个学期！当我把这个消息在班级公布的时候，教室里沸腾起来了，有学生问"有奖励吗"，有学生问"怎么建设"，有学生问"是不是像小学时一样在墙壁上贴上一些彩色的图画或优秀的作文"，也有学生说"展示作品啊，我什么特长也没有，拿什么展示啊"，等等。

在我看来，班级文化建设评比不应该仅仅是在墙上张贴东西，更应是一种驱动学生内在精气神、凝聚班级向心力的手段和结果。听着学生们的议论，我没有想到学生是这样看待这类活动的。看来我得找点新花样给他们玩玩了。

我说："老师不管你们有没有特长，每一个学生都要参与并做出力所能及的贡献。"

"啊，要死了，我什么也不会，怎么贡献啊？"东响慢悠悠地说。我说："只要你跟着我们一起干，你非但不会死，我相信，你肯定会为班级做出很大的贡献的。"教室里顿时一阵欢笑声。

学生是班级的主人，班主任是班级总指挥。我们的班级要卫生整洁、有生活气息，还要有学生个性化的展示。我把我的这个想法和理想的班级文化环境做了说明，然后请学生观察教室里现有的场地，写出自己的布置办法。

学生围绕卫生整洁，列出了值日的细节：讲台、黑板槽的清理，洁具用品的摆放，粉笔盒的色彩和粉笔的摆放，个人垃圾袋和垃圾桶的清理及时间段的安排，窗帘清洗，还有图书角清理和整理……想得真细致！他们围绕个性化展示，提供了有书法和绘画特长的学生名单，还有黑板报布置，他们建议不要总是用粉笔写东西，还可以贴些同学的作品，与文字和粉笔画配合着做，一阵讨论后，每一项工作都指定了学生，班长也领取了设计班牌的重任。这时，有学生说墙壁上也可以贴东西，但我不赞成贴太多、太满。我说："虽然有一句话是'让每一面墙都说话'，但我更希望你们能说、会说。"宣传委员说，她可以在网上买几个字把墙壁布置好。后来，班级墙壁上贴的是"奋斗""静思"两个楷体字，进门就看见"奋斗"，转身就见"静思"。他们围绕生活气息，讨论教室后面黑板两侧两块固定展板的主题，最后把"寻找进步的力量"作为一侧的主题，而我们班家长课堂的主题就是"寻找进步的力量"，于是家长课堂的内容也有了展示的阵地。另一侧展板他们要展示自己的优点，并确定主题为"我优我秀"。在图书角的管理上，他们想得更细致了：每天清洁，图书借进借出要登记；定期要更换图书提请通知；还有配套的绿植，要每天养护。讨论完这些后，还有几位同学没有领到任务。东响盯着我的脸，好像在说："看你怎么安排才能让我也有机会做贡献？"

是呀，很多时候，集体活动虽然能发挥娱乐、导向、育人的功能，但是集体活动因受时间、场地、规模、要求等限制，不能顾及班级全体学生，有些学生往往会落单并最终成为"局外人"。我的班级要我做主也要学生参与，学校的德育特色是"以活动为载体，营造文化校园"，我可以组织班级微型活动呀！显性的文化布置，学生自己都安排好了，那么润心无声的文化活动就由我来拿主意了。

就这样，班级微活动悄然拉开了帷幕！

班级之星评比，共青团员评选，都是在班级中海选。定期组织主题讨论让学生获得了好心情，于洁老师与任课老师合影的做法给了我启示，班级活动又加入了"一周得意事"这个新主题。一周默写达标，可以赢得与任课老师合影的机会，连续五周达标，可以挑选一位校长或喜欢的老师合影，这些合影最终都放在班级"一周得意事"的展板上。班级颁奖仪式也是学生喜欢的活动。颁奖仪式上，颁奖的对象是不定的，或者是英语默写连续一周不重默的同学，或者是值日做得特别好的同学，或者是课桌整理得特别干净的同学……因为设置了门槛，成为颁奖人也成了学生特别羡慕的事。因为羡慕，所以想得到，于是学生在学习、自律等方面不但有了自我要求，还努力放大自身的同学优点。获奖的门槛不高，但是却能让那些后进的学生有尊严地获得参与班级文化建设的机会。东响就在讲卫生和拾金不昧上获得了两次奖。

班级文化建设不仅仅是一个活动，更应该是班主任挖掘学生潜力、引导学生积极参与到班级学习生活各个方面的抓手，并最终让"我的班级"成为"我的家"。

21天法则里的教养

查阅了《现代汉语词典（第6版）》，"优雅"一词有两个注释：①优美雅致，唱词优雅，演奏合拍、优雅动听。②优美高雅，姿态优雅、举止优雅。

孔子说："质胜文则野，文胜质则史。文质彬彬，然后君子。"这是说，人只是品格质朴，却不注重礼仪、仪表，就会显得粗野；只注重礼节和仪表，缺乏质朴品格，就会显得虚浮。一个有教养的人，应该是礼节仪表和质朴品格同时兼备的。

我想，要培养学生成为一个优雅的人，结合注释②，首先应该培养学生文明的行为习惯和礼仪。如何培养？心理学上有个21天法则，即持续做好一个行为，坚持21天，就会养成一个好习惯。

学生的生活阅历、人际交往、活动的时间和空间，决定了学生的生活还是需要老师指导的。而有教养的学生，应该是一个有生活情趣的人。

汪国真说："在欣赏大自然瑰丽的景色中，我时常感到灵魂的净化和升华。"带着学生走进自然、亲近自然是一个很好的培养情趣的方法。除了每年的春游和秋游，我还会带着学生到学校隔壁的曾赵园上一节"苏州园林"；我也会带学生爬上虞山，感受"十里青山半入城"的风雅；我还会带学生到虞山脚下的读书台寻找南梁昭明太子的足迹；剩余的日子里，我会带学生满校园寻找自然的色彩和姿态，于是学生笔下有了"乐山乐水真读书"的感受，也有了读书人的样子。

音乐是跳动的人生，生活需要歌声，"21天法则"更需要歌声。在每一次艺术节"一中好声音"比赛中，总有很多学生报名，虽然会被淘汰，但学生那种对音乐、对歌声的喜爱劲头确实令我羡慕并感动。我请学生挑选自己喜欢的歌，制作成联播模式，早上播放一次，放学播放一次。在21天里，我要他们把哼唱当成学习生活中的调味品；21天的训练，将是一个富有个性且有趣的享受。

对于学生来说，他们的生活情趣中不能少了阅读。阅读优秀的文学作品，会让人的精神世界熠熠生辉，也会让人的生活充满情趣。我一直很喜欢去幼儿园看孩子，他们对童话故事中"后来他们过上了幸福的生活"表现出的深信不疑，常常感动着我。只有走进童话故事的人才会有这样的专注。21天里，我带着我的初中学生，每天坚持阅读15页。为了让阅读变得轻松一点，我给他们做配乐朗读，大家读书的劲头更足了。当阅读成为学生生活的第四餐时，也是学生获得另一种生活情趣的时候。

生活需要歌声，也需要笑声。对于微笑的训练，我要求孩子们每天面对同学和老师时要微笑，21天里，即使是装出来的微笑，也会变得真诚起来，那是一种教养。

细节就是力量，懂得生活细节的学生，应该也是一个优雅的人。一个人的教养是可以通过他的行为表现出来的。而对日常的言行举止加以约束，如吃饭、穿衣、行走等，也能训练有教养的人。学生的午餐，都是要领餐和摆餐的，我会每月举行一次"食佳之星"的评比活动，鼓励学生自觉执行"光盘行动"，倡导"光盘行为"。对于吃饭残留多、餐盘不归池的现象，我除了规劝就是晒浪费、晒不文明现象，以事实来教育学生，让学生在脸红的同时知耻，从而有意识地改变自己的行为，养成文明就餐的习惯。

衣着能很好地传递出一个人的内心。学生要不要每天穿校服上学，这是一个课题。在最近的几年里，我带了三届学生，中间接了一届初三。在校服这件事上，绝大多数家长都认为学生一定要穿校服，这不仅可以避免孩子们的攀比心理，也可以省去父母为孩子挑选衣服的烦劳。但校服的款式往往不能把时尚和传统的元素融合起来，所以，我班学生每天上学，除了穿校服，还可以穿家长们定制的班服，坚持穿校服和班服，整齐而干练，孩子们抬头挺胸走路，大家都觉得很有模样。

学生的教养还体现在其他很多方面，归总起来，不难发现，学生有了这些看得见的教养，遵守文明礼仪也是水到渠成的事了。习惯成自然，自然而成的教养也是营造良好人际关系、良好生活环境的关键，而习惯是需要训练的，不妨从21天的训练开始。

打造没有"输方"的教室

教育的意义在于消除恐惧，确保学生不会变得机械。

多年以前，到婷婷家去家访的时候，我才知道婷婷每天做作业要做到晚上12点，甚至是凌晨一两点钟，做不好她是不会睡觉的。原因也很简单，害怕老师批评，害怕看到不舒服的眼神和脸色，害怕听到刺耳的话。在家长心里，老师的批评还指向家长自己，所以他们会督促孩子快点做完，他们也怕孩子被批评。

学校太多的"不能"，太多的"必须"，让孩子们对学校有了很多消极的反抗情绪，像婷婷一样害怕老师、无条件服从老师的孩子，还真不少！他们一直是心理上的"输方"。

老师和学生在知识上有"闻道先后"，在人格尊严上却应该是平等的。但是，当学生习惯了服从权威，他们便不再能体验新鲜事物，不再能简单直接地思考，而是习惯性地成为一个思想、一个印象、一个影响的奴隶。

我不想让我的学生因为我是老师而服从我。作文周记的形式，加上学生喜欢QQ聊天的事实给了我一个启示：开展"每日一记"活动，和学生进行不见面的交流。

学生写了50个字，写了他们自己心里面想说的话，我要还给他们不少于50个字的交流评语。有意思的是，学生的心里话如滔滔不绝的长江水，一个学期，又一个学期，没有间断。看着他们在课间欣喜地阅读我的"交流评语"，互相之间诉说着生活琐事的时候，我感受到了教育生活的幸福味道。一个没有"输方"的教室才是学生的地盘，在这里，学生的心里才是无恐惧的。

欣喜在流转、在延伸，"每日一记"的内容也渐渐丰富起来了。学生的心被搅动了，他们不再停留在倾诉心里的欢喜、委屈、无聊和无助，而是开始思考，老师拖课后上卫生间的办法，上劳技课的好处，等等。

我们的交流进行得很顺畅。我记录下他们思考的问题和提出的建议，以及他们的想法，这些成了班会课的讨论主题。学生思考和提出的问题，在我的引导下，在学生自己的讨论中，一个个被解决了，在这个过程中，他们感受到了自己被重视、被肯定。其实，正是因为他们敢于说出自己的想法和困惑，才使我有了对教育小事的关注以及做好这些小事的坚持。一来一去中，我消除了他们对"输"的忧虑，对老师的恐惧。

我想，晓星愿意向我倾诉被同学有意误传在早恋的委屈，是对我的信任。我在暗中消除了误传，还让她明白了流言止于智者的道理，帮助她走出了消极和忧虑。当茹茹把某个老师对她的谩骂和嘲讽都写在"每日一记"里时，她是信任我的，对于这样一个学习后进生，她输的是分数，所以我在交流评语里这样开导她："那个老师在用激将法呢！"同时又和那位老师聊了聊：学生的能力有高下，给她一点盼头！我不想让茹茹就此把自己定格在"输方"和对那门学科的恐惧中。小好在三年的"每日一记"里，不但做了我的粉丝，还从一个怕被人嘲笑、不敢回答问题、孤僻的孩子，成长为一个底气十足地站到讲台上唱拿手的英文歌曲、震惊四座的中学生。

教育是人对人的事业，教师要看得到学生心里的委屈，及时帮他们消除恐惧，让他们能挺直腰板做人做事。教育也是传授知识的事业，教师把自己拥有的学识用妥当的方法教给学生，让他们掌握并能灵活运用是教师的本分，也是教师的人格魅力所在。

在一个没有"输方"的教室里，有的更多的是机会，是笑声。

（发表于《苏州德育》2017年第4期，总第112期）

值日班长制度怎么落实?

这个学期，我无论如何要落实念了很久的值日班长制度！

这么多年班主任做下来，我都是对照着《班主任工作手册》上班干部的岗位数目设置班干部的，有时候还会多增设一个副班长以示安慰。虽然如此，学生的力量和作用还是没有充分发挥出来，班级管理质量也不尽如我意，像学习委员这个岗位就有点虚设的味道，因为学习委员没有抓得住的可操作的工作。

新学期报名那天，我告诉同学们我们班要实行值日班长制度，也向全班同学说了我的想法和决心，孩子们有兴奋惊讶的，也有事不关己高高挂起的。开学第一周，我召集班委开会，还请每个小组推荐了一位非班委同学参加会议。那次会上，我和孩子们讨论了以下三个问题：

（1）值日班长要做哪些事?

（2）是每天安排一位同学担任值日班长好呢，还是几位同学合作比较好?

（3）是值日班长全由班委担任呢，还是让其他同学一起参与?

大家讨论得很热烈。最后，就值日班长要做的事，大家一致觉得，值日班长要管理班级的纪律、卫生、每天的跑操和作业的收缴。至于第二和第三个问题，大家认为，值日班长全班都要参与，每天安排两位同学合作比较好。

细细分析后，关于值日班长的任务，我们决定在试行阶段，先从放学后的班级卫生做起，其余的事，也要做但只限于提醒。第二天，我们就要按照这个办法试行了。我对孩子们说，如果心里还有什么想法，或者什么好主意，可以在"每日一记"里和我说，也可以当面和我说，只要是对班级管理有用、有效的办法，都可以领取积分作为奖励的。在这番鼓励下，果然有同学提出，两位值日班长应该是学习好的和学习差一点的搭档。这位同学说："学习落后的同学，每天放学后可能要重默英语、订正数学，来不及打扫卫生，这样成绩好的同学就可以做。另外，早上，成绩好的同学（有的是课代表、小组长），有时要收作业，有时要完成生训的任务，或者开会，那另一位同学就可以做事了，这样把人员依据学习能力的高低叉开来安排，在管理时间段上，会有一个互补。"我采用了他的办法，效果不错。

试行了一个星期后，问题出现了。中午午睡，下午自修课，有个别同学喜欢讲话瞎聊，值日班长提醒也没有用。于是我召开第二次会议，明确值日班长的行动范围。最终，大家认为，还是由我出面批评这类同学。但也有同学指出，事情发生在课堂，老师的批评教育是事后的，那时候，他们已经影响到了别人。想想也是，那怎么办呢？只要心里想着要做好事情，办法就会主动到你跟前来。我突然想到于洁老师用警告牌管理学生纪律的方法，我可以借来一用。于是值日班长手里有了十张警告牌，他们在管理纪律的时候，不用说话，只发黄牌警告。每天放学之前，在一天总结中当着全班汇报一次，一天中收到三张黄牌警告的学生，放学后由我负责谈话教育。面谈前，我会提前发短信告诉家长，到我办公室里接孩子。渐渐地，没有学生在午睡和自习课上违反纪律了。

有人的地方就有人情，孩子也是这样的。值日班长试行一段时间后，又有学生反映，有的值日班长以权谋私，和自己关系好的同学，即使违反了纪律，他也只当没看见不发黄牌；有的同学明明是在讨论问题，他也认定是在讲话，塞你一张黄牌。另外还有的同学即使收到了黄牌，也会不管三七二十一地还给值日班长，或者把名单上的黄牌次数改掉。面对这些问题怎么办呢？

在和沙龙成员的交流中，我发现大家遇到了相似的问题。于洁老师说："班级纪律不能完全指望值日班长，而是要班主任亲自抓。"明白了这一点，我也思考要在奖励值日班长、融洽我和他们的感情上下功夫了。

每天放学后，我会和值日班长一起做值日，边做边聊天，我的做法让他们觉得老师很尊重他们而因此感到自豪。另外，和值日班长一起下楼时，我会帮他们拿书包或者作业袋，还借鉴于洁老师的做法，和值日班长分吃抽屉里的糖果等食品。这些小恩小惠，配着"每日一记"里的文字交流，拉近我和学生之间的良好师生关系。在这个基础上，我利用微班会课，强调了值日班长的责

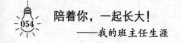

任。一轮下来，每一位同学都感受到了做值日班长的滋味，班级中再也没有出现过令人担心的乱象。

如今值日班长制度在我的班级进入实施期，孩子们已经习惯了这种管理方式，我也不再为作业收缴而唠叨，不再为班级卫生而郁闷。值日班长自主自觉地做着卫生工作，提醒同学们一天三个时段的学习任务和纪律要求。只要放手，我发现，孩子们的潜能是无限的。

奖励学生的N种打开方式

学习是需要好心情的。如何帮助学生保持学习的好心情，是需要班主任动脑筋想办法的。我尝试采用积分奖励的评价策略就是出于这样的思考的。

积分奖励，首先要有积分的规则。积分有奖励，但也必须设定扣分的条目，为此，我先后设计了三份积分考核规则。除了文化学习，我还开发出了绿植养护、图书角布置、"优秀袋"整理等工作，为学习后进的同学提供更多获得积分的机会。对于学生的奖励，每个老师都会想出不少办法，来自老师的奖励，对于学生来说，多多益善。但是，老师的扣分却往往起不到应有的惩罚作用，所以，在第三份积分考核表设计好以后，我让学生以小组为单位，讨论并标注扣分项目。从学生标注的一些扣分条目中我发现，像作业不做啦，不讲卫生啦，聊游戏啦那些让老师头疼的问题，他们都能一条一条罗列出来，作为扣分的条目，这其实是一个自我教育的过程。

在实施过程中，有些加分和扣分的标准是粗线条的，因为积分的目的是要激励学生在换取奖品的过程中，真正感受到进步的快乐、成功的喜悦。

积分规则有了，那怎么奖励呢？

小组成员每天放学前凭积分卡到组长那里在规定的小组积分表格上记一次分，组长在每周五放学前，把小组总分在班级指定的位置公示，把组内成员一周个人总分报给值日班长。星期五放学前要举行颁奖仪式，给积分第一名的小组和每个小组个人积分第一名的同学颁奖。两位值日班长会给接受奖励的同学送上准备好的颁奖辞和奖品。

心理学家告诉我们，一个人做自己喜欢的事，是不容易疲劳的，但长期从事相同的活动，中枢局部神经由于持续紧张兴奋而出现抑制，从而使人对待活

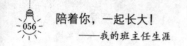

动的热情和兴趣明显降低。对于十岁左右的孩子来说，每周大同小异的颁奖仪式持续久了，他们也是会厌倦的。

于是，我开始思考在奖品种类和积分卡的运用上变点花样。

积分刮刮乐就这么应运而生了。积分刮刮乐活动一学期组织两次，学生平时获得10分可以换取一张刮刮卡。

到刮刮乐活动那天，孩子们兴高采烈地从自己的"优秀袋"里掏出积攒了半学期的积分卡。学生按照积分多少上台抽取积分卡，排在后面的学生嚷嚷着"给我留点我想要的奖品吧"。我设置的奖品有学习用品、食品和机会类奖品。学生对机会类奖品很期待。他们可以和老师共进午餐，与老师合影，抽取"复联4"漫画卡，定制卡通杯，接受面批作业一次，接受单独辅导作文直至发表，做棉花糖，等等，这些都是他们想要的。

积分管理为学生营造了好心情，心情好了，学习的激情自然也就更足了，任课老师大赞学生学习的劲头越来越足。

在大同小异的学校生活中，如何给学生制造一些惊喜，如何给学生制造一些开心学习、体验成功的机会，让每一个学生都能获得学习的好心情，真的需要我们主动思考、用心去做。因为赏识教育不是简单的口头表扬，所以打造一个让学生不由自主喜欢上的教室的背后，必定满含班主任的用心和诚意。

集体生活邀请你

热闹的班级里，总有那么一两个学生是孤独的，他们因内向而不能和别人主动交流，或因其他一些"秘事丑事"而被别人远离。

其实，在班级集体生活中，被孤立的学生确实有，但不多。被孤立的学生往往有以下表现：沉默寡言、胆小怕事、性格孤僻、老师批评多关注少、家长喜欢"闹事"。

细细想来，我曾经教过的小晟同学便属于因自己性格孤僻而渐渐被班集体疏远的这类。

小晟同学从初一入学开始，总是一个人独来独往，不和别人说话，从来不会像其他同学一样，随意摆放自己的学习用品。她决不会让椅子的靠背碰到后面同学课桌的边沿；即使走在班级的队伍里，只要身边有同学稍微有一些活络的动作，她就会下意识地缩起双手，把自己抱紧，并退到一边，如临大敌一般。

一直记得英语老师急匆匆跑来向我诉苦的情形：英语课一开始是默写单词，其他同学都已经开始默写了，小晟还在书包里找默写本，英语老师忍不住说了一句"准备工作没有做好哇"，为了这她整整哭了一节课。我想不仅仅是因为老师的话，可能还有其他原因，因为她的英语学科一直是很好的。

接下来的事直接把我"雷"到了。要秋游了，孩子们嫌我分的组不好，彼此没有共同语言所以集体行动有困难。于是我让他们自己分组，但只能是7个小组。一阵吵吵闹闹后，他们说分好组了，但是小晟始终不吭声，既不和同学说，也没有同学找她。怎么办呢？

一、发动班长，安排任务

我私下找到小宋班长，请她主动去邀请小晟，理由是他们组还缺一个人呢。班长有些为难，但还是因抵不住我给她戴的高帽子答应了，并按照我设计的"戏路"把小晟拉进了她那一组，并请她负责点名。

二、上门家访，探寻原因

都说孩子的很多问题其实就是家庭问题，我总觉得这么胆小孤僻的孩子，她在家里肯定是饱受"压迫"的，我想实地察看一下。于是我去了她家。让我没有想到的是，我在她家门口听到她妈妈在说："你快点出来，蒋老师来了。""哎呀，你不要吵了，菊香（她妈妈的化名）。"从来没有听到她在班级里这么高声说过话。这其实是一个很民主的家庭，妈妈也不是逼着她读书的。在后来的几次家访中，我渐渐从她爸爸的口里得知，小孩是从小被妈妈吓破了胆，以至于她心里一直认为家门以外到处是危险的。那我要怎么做才能让她感觉到集体生活的温馨呢？

三、组织活动，创造机会

每个月都有一次班会课安排的是学生主题讨论，主题讨论是分小组进行的，于是，我有意让她担任组长并代表小组上台发言。在听到同学们给出的热烈掌声后，她涨红了脸。但在后来的几次讨论发言中，她涨红脸的情况就越来越少了。

四、笔尖交流，释缓心情

每天和学生在"每日一记"里交流，是我打动学生心灵的"秘籍"。忽而幽默，忽而玩笑，忽而嗔怒，小晟被我说得心花怒放，她在"每日一记"里什么都会和我说，我每天会及时送上我的安抚，我们的师生情谊之花也在怒放，最后发展到在教师节，她给我发的祝福短信是"老蒋，祝你教师节快乐"！

我想发挥原生家庭那股无形的力量，班级家长课堂便是一个抓手。我把班会课中的几节让给家长，请他们来上班会课，而组织者和第一讲的人选就是小晟的妈妈。不得不说，为了孩子，这位母亲真的愿意改变自己，每一次家长课堂结束后她总有很多感慨。看得出来，妈妈的参与让小晟内心的自豪感越来越强烈。她的身边也开始有了"有共同话语"的人，英语学得不好的同学都会找她帮忙。在班级毕业典礼上，她妈妈和我商量，要我给她安排一次登台的机会，曾经抖抖索索上台发言的她，那天竟然自信而响亮地唱出了《卡萨布兰卡》。

静待花开。小晟的变化给了我这样的启示：要真正帮到那些被孤立的学生，老师不仅要有耐心，更要有一份教育的智慧，要借助集体的力量和家长的力量把处于孤立状态中的学生邀请到集体的生活中来。

学会好好说话

我在阅读小俞同学写的"每日一记"："昨天的数学课上，黄老师讲完例题后，请成杰上黑板做一个题目，成杰做不出来。头发花白的黄老师，眯着眼睛，柔柔地说：'成杰，你这个题目都不会做，吓死宝宝了。'听后我跟同学们都笑作一团。"唉，龙哥（龙哥是学生在背后对数学老师的称呼），你这么说，才是要吓死宝宝了呢！"

小俞真的是越来越会表达了！

"每日一记"，是我让学生每天写下心里话的方式。学生可以写开心的话，也可以写不开心的话，甚至是愤怒的、发泄的话。很多学生开始的时候是有提防心的，慢慢地就愿意写下自己的心里话了，但他们似乎更喜欢读到我写下的每日点评。小俞写的"每日一记"，开始都是些应付的话。比如今天上午上的是语文、数学、化学、英语课。下午上的美术课上，美术老师让我们画了一幅漫画；体育课上，体育老师先给我们整队，然后让我们跑了几圈，然后是自由活动。每一天，读到他写的"每日一记"，我总不由得想说："真是个老实的孩子，情商不高，语言表达也是这么干巴巴的。"

也许是因我不公开"每日一记"的内容，渐渐地，他写的内容开始多起来了。他妈妈开始的时候，经常在群里讨教"改变儿子说话硬生生的妙招"，慢慢地在群里留言："等他睡下了，我偷偷看他写的'每日一记'，觉得他很会说，和老师也很亲，我有点妒忌了。"

我一直认为班主任首先要想办法打开学生的心门，鼓励学生学会表达，好好说话，这也是我8年前尝试"每日一记"，与学生进行书面交流的初衷。

我写下了我的每日点评：两个宝宝吓死了，宝宝我要笑死了！

期中考试后的第一个周五下午，小俞妈妈送来了一锅银耳炖红枣。她说："蒋老师，昨天小俞对我说：'妈妈，我和你商量一件事啊，我想请老师帮我点拨点拨数学。'蒋老师，我真的很开心，一来是小孩自己想要学习了；二来是他现在和我说话会商量了，不像以前那样生硬了。这个银耳炖红枣是我的拿手菜，没有别的意思，就是开心，想表表我的心意。"

一搪瓷锅的银耳红枣，上面还撒了几粒枸杞！这个心意真有情！

放学前，我把这锅银耳炖红枣端到了教室里，和学生们一起分享了它。有学生忍不住问小俞："你妈妈怎么想到送这个来的？"我说："小俞自己也不明白的，还是我来说吧。小俞妈妈感觉小俞长大了，遇到事情开始和妈妈商量了，他妈妈一高兴就给我们送来了这么绿色天然、美味又营养的食物了。所以今天你好好说话，会有好吃的；那明天呢，会有更大的收获在等着你们呢！好好说话很重要，所以明天的"每日一记"，请大家和蒋老师的点评做个互动哦！"教室里又沸腾起来了……

语言是思想的载体，是情感的表达，一个有着较高情商的人，也应该有较好的口头表达能力。对于青春期的初中学生来说，快节奏的生活环境，使他们没有很好的耐心表达内心的情感，刷题考试、游戏八卦干扰着他们的视觉和听觉。因此，学会好好说话，好好表达，是初中学生的必修课。

（发表于《苏州德育》2016年第5期，总第107期）

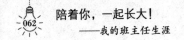

时尚也应合乎规范

这是初一的第二学期，虽然天气渐渐暖和起来了，可三四月份，气温还是升不高。小溪下身穿紧身的牛仔短裤，上身穿件短袖蝙蝠衫，虽然外面套了一件校服，但还是能看到她裸露的肩部和前胸。提醒之后她又换成了另一种裤子，裤裆垂下很多，在体育课上要运动的话也是极不方便的。不管怎么提醒，她就是不肯换运动裤。提醒家长后，家长轻描淡写地回复：小孩就是不愿意穿校服，我们也没有办法。

一、原因分析

有的孩子喜欢穿时尚的甚至是成人化的服装进学校，其原因无外乎以下几种。

1. 炫酷心理

一些作秀类节目中，时尚的着装配合着人物的言行、表情，在十几岁孩子眼里有一种"酷酷"的味道。模仿和爱美是人的天性，至于适合不适合，孩子是不会考虑那么多的。

2. 从众心理

看到别人都有这样的打扮，自己跟不上节奏的话，就进入不了"圈子"，就会成为一个局外人，这是很多孩子心里最很在乎的。于是改变自己的着装，融入圈子，得到伙伴的肯定，心里才会舒服，也成了很多孩子潜意识里的想法。

在和一些家长的交流中，我发现，这个年纪的不少孩子喜欢自己在网上购买一些时尚的着装，有的家长还不知道呢。

3. 家风时尚

有的家长接触的圈子很时尚，在家庭氛围影响下，孩子们觉得没有什么，因为自己身边的亲戚朋友都是这样的，孩子自然也会觉得这样穿很正常。

二、加强管理

时尚本身没有错，但学校有学校的规矩，学生有学生的模样，就像军人在部队里要穿军装一样。但学生毕竟不是军人，怎样能把他们爱穿时尚服装的心理和学校管理结合起来呢？

1. 定出班规

结合学校的要求，我规定学生到学校必须要穿全套校服，而且每天都要穿校服到校。我在实践中发现，只要说清楚这个规定是全体学生都要遵守的，学生一般都是可以做到的。

2. 家校沟通

学生每天都是在家里完成穿衣戴帽任务的，对于学校、班级制定的规矩，绝大多数学生是可以做到的，那么对于少数还是喜欢穿"时尚"服装来学校、进班级的学生，就可以通过电话、家访的形式和家长进行面对面的沟通，说清楚集体生活的特点，以及班主任带班管理的任务，以及完成这些任务的艰辛，等等，让家长体会到其中的利害关系。一般情况下，家长们都是支持的。

3. 校服升级

时代在变化，对于学生来说，艰苦不再是穿得旧一点，穿得土一点的代名词，所以既然要求学生穿校服，那么校服颜色、款式等，也要与时俱进，要做出校园的时尚味来。有条件的班级还可以设计学生心仪的班服，让学生在不违反学校规章制度的前提下也能过时尚的瘾。

三、预防工作

从防患未然的角度出发，在学生穿时尚服装进入校园前，班主任是可以先做些预防工作的。

（1）先入为主。在和学生初次见面的时候，就定下规矩。

（2）制作样板。将青少年学生仪容仪表的"标准"样式，预先制作展示图片，贴在班级醒目位置，以时刻提醒学生文明礼仪从着装开始做起。

（3）评比跟进。可以在众多星类评比中，设一个仪容仪表类奖项。

（4）主题班会。借助有针对性的主题班会，引导学生正确地认识、评判、修正自己的审美观。

四、学习规范

在学生服饰礼仪方面，也要做出明确的规范：

（1）学生的服饰装扮要有校园风，应该是青春、稳重之类的。

（2）学生的服饰装扮要与集体生活有关，这就是所谓的什么场合穿什么衣服。

（3）学生的服饰装扮还要求干净利落。

"互联网+搜题软件"？！

如今，学生的作业问题成了全社会关注的一个热点话题，也有因作业引发的一些令人不愉快的事件。但即使这样，还是有不少学生能在互联网时代游刃有余地完成每天的学习作业。搜题软件的优势也在这个过程中得到了充分的体现。

一、搜题软件的优势

1. 实现了老师的愿望

设计有梯度的题目，出好一份有质量的试卷，不是一件简单的事，搜提软件能快速、便捷地实现资源共享。打开电脑看世界，搜题软件让老师们实现了"打开电脑做好题、做准题"的愿望，不但能取长补短，老师们出题也不用那么辛苦了。

2. 解决了家长的后顾之忧

"蒋老师，我教他时，答案都是从网上搜的。"有家长这样直言。大多数家长不甘心自家孩子在做作业这一关输给别的孩子。他们在对待孩子做作业问题上，不但不会让老师降低要求，还会要求孩子完成所有作业；自己不会教的，他们就把搜题软件利用起来，这样，就可以教孩子了。

3. 有效提高作业的准确率

网上搜题既能减轻学生订正作业的负担，又能减轻老师批改作业的工作量。百度软件，搜索内容非常全；猿题库，搜索针对性强；作业帮、学习宝，不会做的题目，拍个照片直接搜索，快捷方便，一题还有多解。

4. 帮助学生实现自主学习

对于那些上进心强、善于学习的学生来说，搜题软件节省了他们冥思苦想的时间，同样也使他们收获了豁然开朗的学习乐趣。即使是在家中，他们也能提高自主学习的效率。

二、搜题软件的弊端

世界上任何事物都有其两面性，搜题软件作为一个学习工具亦是如此。在实际使用中，它确实发挥了互联网的优势，给那些学习自主能力强的学生解了燃眉之急，但在另外一些学生手中，其不可控的弊端也一览无遗。

1. 影响优秀思维品质的形成

"要什么答案，我都能帮你们搞定！"这是我班一位女同学在班级QQ群中的豪言壮语！在家访中，很多家长向我抱怨，孩子写作业的时候，一手写，一手弄手机。后来才发现，原来孩子是在用手机抄答案。答案从哪里来？从猿题库来，从作业帮来，从学习宝来，问"度娘"要……搜题软件的使用，让部分学生有了"作业条件反射症"——搜索、等待、趁机玩手机（玩游戏和聊天）。

长此以往，不但模糊并掩盖了学习和研究的要义，还将严重损害优秀思维习惯和优秀思维品质的形成，善于思考也将变得更难。搜题软件的不合理使用，会让人的思维在模仿、抄袭和等待中僵化。

2. 封闭自我，影响身体健康

用搜题软件是一个行为，随着这个行为的实施，十来岁的孩子会忍不住在互联网中遨游，把时间花费在网络的世界里，与人的心灵接触会越来越少。

"老师，他要是用起手机、电脑来，不是一小时就能完事的。"一位家长对我这样说。长时间使用这些电子产品，还会直接影响孩子的视力、颈椎，且随着软件的打开，可能还会有一些色情广告出现，这些都会对十来岁的孩子产生负面影响。

总之，任何一个新生事物的诞生肯定有其积极的一面，也有其消极的一面，如何让"互联网+搜题软件"发挥其优势，成为学生自主学习的最优化工具，需要家长和老师思考、关注、引导，更需要专业人士和专门的行业用责任和良知打造一个纯净的互联网世界。

正面管教，正的言行要先行

在我们所教的学生中，有听话上进的，也有调皮懒散的。前者好教也容易出成绩，后者难教还不一定教得会。当然，对后者，执行和善而坚定的正面管教也是会有一定效果的。

小昊妈妈给我连发了两条短信。

短信一：老师，我有个事麻烦您一下。今天早上，小孩心情不好，我们问了他好几遍他才说，某老师每节课上都说他，他觉得自己怎么样做都做不好。早上他嘟着嘴巴到学校，我有点担心他，麻烦您开导开导他。您上星期来家访后，孩子对您的信任度大大增加。拜托了。

这学期开学前三周，小昊特别起劲，小组讨论、课堂发言、课间时间订正，尤其是重默都能准时完成，我也好像看到了他的进步。可是从第四个星期开始，他在开学前三周的精气神不见了，每天一脸无精打采的样子，一下子像变了个人似的，什么都不愿意做，还摆出一副"你能把我怎么样"的挑衅样儿。某老师天天来告状，要我多和他父母沟通，我也怀疑是不是他家里出了什么事。我上星期去他家家访就是想了解情况。其实他家里也没有什么事。他爸爸说他就是不用心；小昊则说妈妈不停地催促他，让他心里烦得很。听他这么一说，我也煞有其事地请他妈妈不要唠叨，不要只站在自己的立场看待孩子的学习，平时要减少一些应酬，多陪陪孩子。一家子在我的开导下开心地聊了各自的想法、做法，还有需要改正的地方。第二天，小昊的精气神明显好了很多。但读着她妈妈发给我的短信，我才恍悟，小昊的"好多了"是暂时的，他的心结还没有打开呢。

短信二：麻烦您和老师说一下，尽量以鼓励为主，越多说他就越不想学。我也知道，小昊有这样那样的不足，多说也于事无补。本来我想到学校和老师

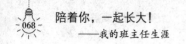

沟通的，又怕她觉得我们家长对她有意见，我知道××老师的出发点也是为了孩子好！麻烦了！

　　家长的请求摆在面前，作为班主任，我备感压力，一边是同事一边是家长，言辞稍不注意同事会受委屈，家长也会不满意。不管怎样，我不能让家长在孩子面前也表现出对英语老师的不满，于是我回复她：谢谢您这么信任我，把孩子的心结说给我听，英语老师是个急性子，我会和她沟通的。

　　我将家访的经过向英语老师说了一遍，特别强调小昊家长也在管，但方法不对。我想请她看在小昊这几天表现还可以的份上，表扬他一下让他开心开心。同事就是个急性子，刀子嘴豆腐心，她十分赞同我的做法，也说会试一试。事实证明，有效！孩子是需要及时表扬和鼓励的，小昊内心需要得到满足后，在接下来的一段时间里，他学习的精气神和效率确实有好转了。

　　趁热打铁，在周五的颁奖仪式上，我另外购买了几份炸鸡腿，奖励给默写进步的学生，其中就有小昊。我对他们说："这是英语老师单独奖励给你们的，英语老师说了，她性子急，批评你们的时候没有轻重，尤其小昊，被她批评的频率很高，有点对不住小昊了。"小昊听了，摸着头笑着说："我没事。"我拍拍他的肩膀又说："但她没有坏心眼，只是想催促你们好一点，再好一点，这也是每一个老师的心愿。"

　　在教育一线，很多老师把时间花在了学生身上，把自己的耐心也给了学生。但是，在教育学生的时候，却也会因为一不小心的用语不当，影响了学生对学科学习的投入，也直接伤害了学生的感情，导致师生感情有隔阂，施教效果滞后，更影响了家校关系。

　　人和人是不一样的，每一位老师和学生交流的时候，都是怀着"我是为你好"的心意去做事的，只是因为交流的场合、情景、语气、语调、眼神甚至交流中无意而为的比较，让学生得到的信息和感受产生了偏差。小昊接收到的是"某老师不停地否定我，当众羞辱我"的信息。

　　面对孩子的想法，班主任要当面向孩子反思自己的行为，进行自我批评，表达内心对他们的期待。每个人内心的需要一旦被关注、被肯定，他就会产生一种满足感、获得感，而小昊需要的就是这个。

做足准备，慢慢净化

六年前的九月，我接了初三（17）班，这个班级的纪律是出了名的差班。尽快净化班风、营造班级凝聚力，使各项纪律要求和学习任务顺利达成，是我当时的主要工作。为此，我做了以下几件事。

一、快速摸清学生情况

在开学前几天，我向前任班主任了解了班委的设置、课代表的能力、学生的学业情况，但仅有这些是不够的，我又向任课老师们了解每一个学生的情况，并把他们提供的一些细节标注在学生姓名旁边。从班主任到任课老师，这样动态的了解是比较全面的。但我还想更多地了解这些学生。于是，我仔细阅读了他们的《小学生毕业登记表》，认名字和照片，以便在报名时能看着他们的脸喊出名字；读他们小学班主任的评语、看各科成绩；了解他们的特长和家庭情况……尤其是老师们口中提到的几个"积极分子"，我特意了解了他们的过往。这张信息丰富的表格让我在报名那天惊艳了全班。

二、提前做好见面准备

和很多班主任一样，我在学生报名前，自己动手把教室打扫干净，排好座位，还把班级图书角好好地布置了一番。然后给家长发出新学期第一个短信（这个班级是在家长的要求下换班主任的），大概有以下这些内容：一是告知班级的位置（我们学校每一学年，学生都是要换教室的）；二是告知是报名当天要带的物品；三是告知到校和离校时间；四是告知报名前要吃好早饭；五是告知遵守交通规则。此外，我还准备了一个15分钟的微型主题班会，主题是

"卫生"。

三、先入为主提振班风

对于这样一个松散惯了的班级，即使我有充分的前期准备，在开学初也是不能立马向学生提出各种很细致的要求的。所以我拟定了三个框架式的要求：一是上课时不得离开自己的座位；二是班级垃圾一天倒三次（早、中、晚），各人的课桌里不得存垃圾；三是在进校门前一定要吃好早饭。

报名那天，每一个走进教室的学生都很惊讶，因为我站在教室门口迎接他们，还叫出了他们的名字。那天，我上了一堂微班会课，表扬每个人的优点和能力，也请他们对照我提出的三条议一议。最后，几个"带头人"上台发言的时候说，除了小谈同学（有点特殊情况），这三条他们都能做到。

有了第一天的友好接触，接下来，我借助"每日一记"、班级微活动以及任课老师的力量，带着这群孩子渐渐走上了正轨。

半路接班，对于新接手的班主任来说是一个挑战。学生在过去的一学年或者两学年里已经养成了一些习惯，他们也已经习惯了以前班主任的那套管理模式。而新班主任呢，自己拿手的那一套管理方法，可是要从初一开始训练的，现在要缩短时间用起来，想用出效果来是不容易的。在师生磨合期，学生适应新班主任的新办法，还是需要时间的。所以，半路接班的班主任要充分了解班级学生情况，要趁着新旧交替之际，先入为主定出合适的班规。但定班规不是目的，所以班规不宜多，列出二三条即可，学生能做到做好就行。起步阶段做实了，今后各项要求的落实也是水到渠成的事情了。

第三辑

故事 · 思考
——书写前进之路

3

似懂非懂的年纪，我遇见了您

我初中学习的前两年是在片中心学校完成的，在那里，我遇见了班主任杜老师。

那是一位从部队来的男老师，留着像鲁迅先生一样的胡子和发型，一脸的严肃，走进教室时总是带两支粉笔和一本语文书。他教语文，普通话却是极其不标准的，常常把"对不对"说成"啊对啊"，"油壶"说成"药壶"，"脚踏车"说成"觉踏车"，为此，我们常常笑得厉害。有一段时间，在放学回家的路上，我会自言自语地说："药壶、觉踏车、啊对啊？"然后一路大笑着走回家，甚至在晚饭的时候，也会不由自主地笑出声来，引得母亲嗔怪："不好好念书，尽瞎调皮。"

那时候，在学校吃午饭，蒸饭用的柴火是要我们自己带去的。有天上午，一个矮小的身影在教室外挨着窗户往教室里面张望，他身上还背了一大捆稻柴，我一眼就认出那是我们村小根的爹。小根的爹身材矮小，穿得破烂，今天他是来为小根送这个月的柴火的。小根涨红了脸，急匆匆跑了出去，拽着他爹就往食堂走。回来后，有同学问小根："这是谁呀？"小根说："是我家邻居。"放学后，小根被杜老师请去了办公室，我不知道杜老师和小根说了什么，但后来每个月的柴火都是小根自己吭哧吭哧地背到学校的。中午吃饭的时候，他还会幽默地说："你们有饭吃了，那是因为我背来了柴火。"大家哈哈大笑。我还看到他领了助学金后向杜老师鞠了一躬，杜老师笑着摸了摸他的头。那时，我心里有了一个清晰的认识：贫穷不可怕，可怕的是自己把贫穷当盔甲穿。这是杜老师给我上的一堂生活课。

杜老师要求我们写日记，每天放学前，他会挑一两篇写得好的日记在班级里范读。有一次他读了我写的日记，内容是违课堂纪律的杨同学和代课的地理老师吵架的事。我把这件事的经过写了下来，还写了"读书的人，要知书达礼，不该违反纪律，更不该出口伤人"的点评。杜老师表扬我不但写得真实，还有自己明确的看法。我却涨红了脸，埋着头，好像做了什么见不得人的事似的。从来没有被老师当众肯定过、表扬过，我的心里有点不安，又怕这次"检举揭发"后，会被顽劣的杨同学课后报复。不知道杜老师是不是看出了我的心思，他读完我的日记后说："同学们，自己做得好的地方就要让别人知道，不要怕难为情；对于一些不好的事情，就是要敢于揭露；做了影响大家上课的事，就要勇于承认错误并改正，是不是啊？"说最后四个字的时候，他已经走到了杨同学身边，好像就是在问他一样。那件事让我明白了一个道理，遮掩自己的优点不是谦虚。

期中考试刚过，杜老师把我请到了办公室，他用被香烟熏黄的手指着我的语文卷子说："你看看，你看看，这些不该错的呀，你都错了，才考68分。唉！想想爷娘的苦，细娘家（方言：小姑娘家），静静心，好好念书，争口气，将来不要种田了。"那时的我已经懂得难为情了，顿时脸上一阵发烫。在他之前，没有一个老师单独和我说过读书的事，指出我考卷上低分数的情况，也没有人告诉我，好分数要靠自己课后的努力。我突然发现世界上居然还有一个和我毫无血缘关系的人在担忧着我的成绩，考虑着我的将来。杜老师说话的语气很严厉，但我心里却在窃喜！期末考试我语文考了89分，生平第一次拿到了三好学生证书，我尝到了学优生的甜滋味，更明白了"书包翻身"要怎么做。

杜老师把我这个浑浑噩噩、后知后觉的农村孩子领上了努力学习、改变命运的刻苦之路。他虽然只教了我两年的语文，却影响了我的一生。直到今天，我上课时一支粉笔一本书的样子就是他当年上课的样子。抓住学生的"问题"再找学生谈话也是他当年的做法。有人说，一生中能遇到一个好老师是有福气的，我有福是因在似懂非懂的年纪，遇见了杜老师。

种下一颗教育的种子

苏霍姆林斯基说过："要记住，你不仅是教课的教师，也是学生的教育者、生活的导师和道德的引路人。"

文中的杜老师便是一位引路人，作为一位平凡的班主任，他也许没有渊博的专业理论，但他的举手投足间无不展现出一位教育者的良知和责任。杜老师运用自己独特的教育方法、教育智慧和教育情怀，竭尽所能地让一名名学生看到了世界的色彩，这是一种无与伦比的教育魅力。

杜老师如同刘绍棠的《师恩难忘》、梁实秋的《我的一位国文老师》这两篇文章中所记叙的那几位老师一样，面对稚嫩的学童，他总能报以最大的热情与热爱，给予他们最热忱的关心，在作者、也在所有学生的心目中播下一颗教育的种子，呵护着这颗带着理想与力量的种子茁壮成长。

（江苏省昆山市玉山镇振华实验小学 朱凭）

墙角的小草也有微笑的权利

小贝和如意是被老师们提及最多的两个学生。每次班主任会议上，他们的班主任黄老师总会皱着眉头向老师们诉苦。

后来，机缘巧合之下，我成了他们的科任老师，于是我和他俩有了近距离的接触。

乐山桥和食堂之间的绿化带是初三学生抄近路去食堂的必经之路，灌木也因此常常被踩烂。于是，我每天中午都会站在那里值勤。渐渐地，抄近路的学生越来越少。但还是会有屡教不改的"大侠"，如意就是其中的一个。

一天中午，个子矮小的我站在绿化带一侧。如意没有看见我，一步踏上绿化带的石条。正准备过去的时候，他抬头看见了我，立刻弯腰装作系鞋带的样子，然后悻悻地转身离开。

校园内的乐水河，永远也阻挡不了学生乱窜班的脚步。

临近期末的一天，初二年级的一位班主任带着她班里的一位学生来找黄老师，说如意到他们班去敲诈同学了。

等那位同学陈述完后，黄老师立马把如意请到了办公室，大声呵斥："马上要考试了，你还真是不省心。说，为什么要到初二去敲诈同学？"如意睁大眼睛说："什么？敲诈？没有的事。"黄老师厉声说："还赖！早上大课间的时候，去初二（1）班干什么了？"如意拔高了声音说："我去问一个熟悉的人借钱，不可以啊？"黄老师拍着桌子说："嘴巴还硬，我这就打电话给你的家长，请他们来一趟。"如意突然放低了声音说："不要喊我家长来了，我真的是去借钱的！"两人在言语上进行几个来回后，如意大声地说："好吧，坏事都是我干的！"说完就冲出了办公室。

我赶紧追了出去。在天桥上我抱住了他。这时，他委屈得像个小孩，摘下眼镜，抹着眼泪抽噎着对我说："我真的没有敲诈，真的是去借钱的，不信，可以去对质的呀。"我对他说："嗯，我相信你的，我们现在就去对质，给黄老师一个交代，好吗？""嗯。"他点点头。我把对质后的书面记录给了黄老师。自此，我中午再也没有看到过如意跨绿化带了。

四月，黄老师接到任务要去支教一周，临行前，他特意请我多关注他的班级，尤其是如意和小贝。

那天中午，我走进教室，发现讲台脏乎乎的，过道里白色餐巾纸团、包装袋随处可见。

小贝的座位边上是堆放卫生洁具的地方，垃圾筒、纸篓、六七把扫把乱糟糟地扔在那里，他俨然就是一个坐在垃圾堆里的孩子。同时，他的座位是面向教室门的，他一抬头首先看到的是教室的门，而不是黑板。

我请小贝站到一旁，自己拿起扫帚，把他座位四周的垃圾清理了一遍。又蹲下身，把瓷砖上的污渍也擦了一遍。然后我把地也拖了一遍。最后我把小贝的桌椅移动一个座位，让小贝坐下来就能面向黑板。做完这一切后，转身看见如意不知什么时候把讲台拖干净了，饮料瓶子、白色纸团等也都不见了。如意急匆匆地拎起垃圾桶去倒垃圾。我对小贝说："以后你就这么坐，我会和黄老师说的。"小贝盯着我的眼睛里没有了挑衅的意味。他使劲地点了点头。

黄老师回来后，我对他说了小贝座位的事，提醒他要多顾及学生的心理和情绪。直到初三毕业，小贝的座位一直在那里。中考结束后，黄老师说："还好，这两个小子最后没有给我惹什么事。"只有我知道为什么。

教育是人对人、心对心的事业。我们或许无法改变学生的每一个坏习惯，但是我们可以用我们的真心实意找到通往学生内心的路。很多时候，我们总是不由自主地对学生提出像成年人一样的要求，并总是在"他怎么做不到"的想法下自我折磨。

我一直告诫自己，在我教的学生中，会有塔尖上的学优生，也会有做塔基的中等生，还有学困生和所谓的后进生。给聪明的学生以点拨，给落后的学生以鼓励，对强势的学生示个弱，给胆怯的学生以微笑，给自卑的学生以拥抱，教育的生态就会水到渠成。

　　教育如水，润心无声，善待眼前的每一个学生，哪怕他是墙角的一株小草，他也有微笑的权利。善待与我们有缘相处几年的学生，就是在善待我们的未来。

唤醒灵魂，身先士卒

　　教育是一个灵魂唤醒另一个灵魂。案例中的老师看似柔和，却起到了真正"唤醒灵魂"的重要作用。"上善若水"，这位老师用尊重、理解、信任与包容，化解了师生之间的心结。

　　许慎在《说文解字》中对教育有着这样的解释："教者上所施，下所效。"我深以为然。教师所做的一切，皆是学生模仿的对象。教师不应该只是起到指挥的作用，而应该成为学生的一部分，起到身先士卒的作用。案例中的教师看到学生坐在肮脏糟糕的环境中，最先想到的不是让学生来清理，而是自己上阵；不是批评学生，而是考虑学生的座位安排是否有利于他学习。

　　能够从心出发，将心比心，充分尊重和理解学生；能够从自己的示范作用出发，冲锋陷阵，这该是教师们时刻需要做的。愿我们都能以此自勉。

（江苏省太仓市沙溪镇沙溪第一中学　陈玲）

成岭成峰各有道

就像每片树叶都有不同的两面一样，我们的学生也是多面的。

我喜欢学生光亮的一面，它能让我的教育过程和结果顺畅靓丽。但我也回避不了学生毛刺的一面，因为无论如何，它总是和鲜亮相伴相生。于是在和这些"毛刺"打交道的过程中，我汲取了一个个教训，也收获了一份份成长。

记得那天放学时，我看见"铃铛"的眼角有擦伤的伤口，就问他怎么弄的，他说是自己不小心弄破的，我也没太在意。第二天早读时，我发现他的眼镜坏了。一旁的苗苗说是昨天大课间排队时，"石头"打他才把他的眼镜弄坏的。

"石头"是在初二时转学来我班的。他的脾气很急躁，经常一言不合就动手，而且时常在班级显摆自己父亲是我们系统领导，也因此"得罪"了好几位同学，其中就有苗苗。还好在"每日一记"里，"石头"和我每天都有话说。但我发现以往在"每日一记"里和我无话不说的苗苗和我说的心里话却越来越少了。自从"石头"来了以后，苗苗在"每日一记"里写得最多的就是"石头"的种种不是，字里行间我还觉察出她渐渐对我有了戒备。

早读结束后，我立马向"石头"妈妈汇报了这件事，她提出要带铃铛去医院做个检查。我回办公室准备打电话给铃铛妈妈，还没走到办公室门口，铃铛妈妈的电话就来了。

她在电话那头很气愤地说："蒋老师，我儿子昨天被同学打得满脸是血，你到现在都没有告诉我，是不是我今天不给你打电话，你就准备隐瞒下去了？我知道，"石头"父亲是领导，但我是不怕的。"我愣了一下，连忙道歉，为自己的疏忽大意和自以为是道歉。她说："在家里我连手指头都不舍得碰他的，在学校居然被按在地上打得满脸是血，刚刚要不是苗苗爸爸告诉我，我还不知道呢。"说着，她在电话那头哭起来，心疼的样子我能想象得出。

我一直很得意我在家长那里的好口碑，但"铃铛"妈妈的话把我的得意击得粉碎。我等她说完后告诉她，"石头"的家长要带"铃铛"去医院做个检查，请她来一趟学校。

过了不多久，"石头"爸爸和"铃铛"妈妈都来到了学校，随后，他们带"铃铛"到医院做了检查，还好只是皮外伤。"铃铛"的眼镜也被"石头"爸爸拿去修理了。在我办公室里，"石头"向"铃铛"道了歉，我建议两人握手言和。"石头"爸爸建议利用下课时间，让"石头"向全班同学道歉。在教室里，"石头"向"铃铛"鞠躬道歉，在说"对不起"的时候，"铃铛"抱住了他的肩膀说："没关系，是我先撞到你的，我也有错，对不起。"我们都为这两个孩子的真诚鼓起了掌，但苗苗却一脸不屑。

事后，我悄悄问"铃铛"："昨天放学时，为什么不告诉我事情经过。""铃铛"说："老师，你已经够忙的了，我不想让您操心。"听他这么说，我有种想流泪的感觉。

从医院回来后，铃铛妈妈向我道歉。她说苗苗爸爸早上告诉她"铃铛"昨天在学校里被打的满面是血时，她心疼极了，所以在电话里对我失礼了。我说我理解她，换作是我的孩子，我也会心疼。"铃铛"妈妈还告诉我，据苗苗说，"石头"整天在学校惹是生非，很多同学都讨厌他，只有我还爱护着他。我忽然明白了苗苗对我的芥蒂来自何处，一来是石头表现确实欠佳，二来是我日常有些方式确实有拍马屁之嫌。比如，"石头"生气的时候，我总是温和地和他说话；比如，"石头"写的作文，我总要拿来范读。也许，这些事放在其他同学身上，苗苗看到的会是有爱心的蒋老师，但是，到了"石头"那里，就不是那么回事了。

我深知教书和育人是一张皮，不能分开。于是，我在"每日一记"里主动和苗苗谈心，精心修改她的作文，带着礼物去家访，但直到初三毕业，苗苗面对我的时候总是那么不自然。

有一位老教师说："教书育人时要采用各种办法，努力做到让学生印象深刻。"我的好脾气没有让我赢得所有学生的爱戴。我总是自以为是地扮演着妈妈的角色，总想让学生按照我的好意前进。殊不知，学生成峰也好、成岭也罢，都各自有道。做教育不仅需要好脾气，更要有让学生、让家长、让自己都增值的职业智慧。苗苗教会了我如何准确定位自己的角色。

 点评

相反者，实相成也

《汉书·艺文志》中写道："其官虽殊，譬犹水火，相灭亦相生也。仁之与义，敬之与和，相反而皆相成也。"就是说，有些事表面虽相矛盾，其实却相互促进。本案例中的蒋老师就是一位不畏相反者、真心待学生的好老师。

尽管苗苗对蒋老师充满曲解，甚至因此做出了一些惹麻烦的事情，但蒋老师非但没有因此排斥她，反而一如既往地关心、爱护她，直至她毕业。而苗苗自己也在反思中获得了成长。

此外，还有一点值得我们思考，那就是在班级管理中，班主任应当在"帮"和"管"之间取得平衡。以受助者为主体开展的工作叫作帮助，而以执行者为主体开展工作叫作管理。正如蒋老师所反思的，如果班主任一味地"管"，给学生安排好一切，不但自己会很累，学生的能力也不能得到很好的锻炼。而如果我们能够按照学生的发展需求来"帮助"，就一定能更好地帮助学生按照自己的方向成长。

（江苏省昆山市娄江实验学校 方莼）

慢时光里的幸福

苏霍姆林斯基说过：教育技巧的全部奥秘在于如何爱护教育对象。我想爱护学生要从了解学生的心声开始。一个个谈心，显然是不现实的，而且我也不喜欢多费口舌。学生在QQ群、贴吧里肆无忌惮的留言给了我启示，我是班主任，也是语文老师，于是，我把语文学科的周记换成了"每日一记"。

我告诉孩子们："每日一记"可不是作文！在"每日一记"中要写心里面最想说的话，写自己有一点点想法或感触的事，它们可以是学校里、家里的事，可以是路上遇见的事，也可以是开心、苦恼和纠结的事……喜怒哀乐愁，吐槽、八卦，就是不要写分数。但我要求他们必须写在作文本上，而且不少于两行字（也就是50个字）。这个规定既方便我一眼看出哪位同学经常写不满50字，也便于我对这样的同学采取其他的交流方式。也许是放开了手脚，学生非但没有被"两行字"的要求吓倒，反而越写越多，心里有事了，有时甚至可以写三页。

很多学生在"每日一记"里什么都会和我说，有的还是家庭隐私，但这些大情小事仅限于在我和学生之间传递，我从不在班级里甚至办公室里宣讲，这既是我给自己定的原则，也是我给学生的一个交代。也许是出于这个原因，学生们很愿意写，但是我知道，其实他们更愿意阅读我的留言。记得有一次，我写下了"纳尼"这个词，那个孩子回家后告诉家长，说我们老师可厉害了，会说"纳尼"。家长告诉我这件事的时候，我也找到了和学生打交道、走进他们心里的路。

"酒香不怕巷子深。"其他班的学生很羡慕，因为只有我们班的同学有吐槽的地方。在学生的吐槽声里，我也享受着和学生逐渐升温的感情。

冬天，我拿粉笔的手指常常会龟裂，小雯在每日一记里像长辈一样对我做了关照，还把护手霜悄悄地送到了我的办公桌上。当我问是哪位同学做了这件好事时，他们都说不知道；问到小雯时，她说："老师，我不会那么早到学校。"后来，我还是在楼道监控里看到了一向不早到校的小雯，那天早上早早走进了我的办公室。"好好待自己，好吗"，这张压在护手霜下的字条，我一直收藏着。

小柯在"每日一记"里说："老师，天冷了，可别冻着，你可以穿秋裤了！"

"每日一记"帮助我掌握了学生在校一天的所有活动、交流、纪律和情感动态，也很好地帮助我及时、主动地和学生用学生的话语进行有效的交流和沟通。

小阳在"每日一记"里说他心情不好，因为他在学校里被同学"坑"了，回到家里又被妈妈骂了。他还说："我前世造了什么孽啊，要受到上天的惩罚，还是死了算了，活在这个世界上有什么意思？"捕捉到这些信息后，我和他多次进行书面交流，最终使他一点一点地改变了自己。

渐渐地，家长们也开始聊"每日一记"这件事，他们称赞"每日一记"是个可爱的东西。他们也羡慕甚至妒忌我，因为他们听不到孩子的秘密。我和学生在"每日一记"里的积极互动，也让家长们感受到：交流很重要，积极沟通更重要。而这之前，首先要学会倾听孩子说话。

原本只限于和学生进行书面交流的"每日一记"，却让我有了另一份收获。有一位家长是这么点评我的"每日一记"的："作文写作，一向是令学生头疼的，但蒋老师利用"每日一记"的形式，让他们渐渐地有话可说、有感可发、有理可悟。一则则日记，一步步地流露出孩子们对写作习惯的喜欢乃至甘愿。它们或许只是短短的几句话，或许无聊，或许伤感，或许激愤，或许情思萌动，或许意志消沉，但再回首，那一页页满载的都是孩子们的生活，真实而自然，都是值得回味的生活。"这也说出了我的体会。

在网络时代生活、成长的孩子们，过着动动手指什么都有的快节奏生活，于是他们的心变得浮躁起来，老师浮于表面的说辞也很难打动他们的心。"每日一记"却最大限度地融洽了我和学生的感情。在和孩子们每天的文字交流中，我感受到了教育慢时光里的幸福。是它，让我真正明白，享受职业其实就是享受和学生的感情，享受来自学生的感动，享受工作中的点滴成就感。

用心做好一件事

在教育中，有的班主任老师选择面面俱到的做法：做好学生沟通工作，组织班级活动，联系家长，按照学校章程管理班级，避免发生安全事故；学生做得好表扬，做得不好批评……

也有的班主任老师除了常规的管理工作外，只用心做好一件事。比如案例中的老师，用好"每日一记"，用文字把沟通学生、了解班级情况、疏导消极情绪、鼓励积极行为、培养爱心与责任心、积累习作素材等一系列工作都做好了。在这个过程中，还收获了学生的进步、家长的认同和满满的工作成就感。

有的老师用心组织班级活动，有的老师用心打造班级文化墙，有的老师用心管理班级图书角……只要你用心，往往就会收获意外之喜。

（江苏省苏州市吴中区吴中实验小学 宋雪琴）

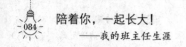
像花儿一样开放

我工作的单位在虞山脚下，附近有南梁昭明太子读书台，我喜欢坐在那里凝神静气地听，不慌不忙地看，任由自己的思维天马行空地想。

我希望我的一亩三分地里也有这样一份淡定从容的自由驰骋。

心在课堂上，花儿自然也会开在课堂上。但放眼望去，学生进进出出忙忙碌碌，还没有咂出学习真正的味道，三年时间就这么一眨眼过去了。只会积累知识的学习是不快乐的，忙于应付、让孩子开心不起来的课堂怎么能开出乐学之花呢？

我决定在自己能力范围中做些改变。

学校的课改正在推进着，小组合作学习的形式——围坐也已建设妥当。接下来进入生训阶段，6位组长每天下午第四节课到指定地点集中参加生训。培训什么？培训课堂合作学习的流程，培训课堂展示学习的环节……我以为这种提升能力的训练是必要的。但孩子们在"每日一记"里大吐苦水：天天培训，作业都来不及做了；又要晚睡了……我是心疼的。教育是一场集体行动，课堂形式发生了变化，老师还是不放心、不放手，限制和灌输在课堂继续歌舞，难怪孩子们要吐苦水了。

于是，我在自己的课堂里搞特殊化，我请6位组长利用晨会课时间给组员培训他们已经学会的环节和流程，这个特殊化是需要我承担后果的。感谢这些孩子，他们很配合也很能干，悄然中，班级生训简版也新鲜出炉。

小博是开学一个月后才来上学的，他落下了一个月的课。怎么办？每天课间和放学后给他单独辅导一个知识点。这虽然是一件极费心力的事，但任课老师们没有一个有怨言。

　　学习《纪念白求恩》一文时，拓展部分是需要学生做出自己的评判的。小博说："白求恩的共产主义精神我学不来，但是他毫不利己、专门利人的精神我是可以学而且做得到的，就是助人为乐，主动为班级做事情。"他的理解和感悟就是在情境中对人物做出自我鉴赏。但我觉得还有他得到老师帮助后不由自主地感恩，丝毫不做作，更没有灌输和说教。心在课堂上，眼里有学生，花儿自然也会开在课堂上，开在学生心里。

　　于洁老师说，教育就是渡人渡己。对此我是深有体会的，我与学生相处了三年，虽时间有限，但师生情分却缘续不断。

　　最近的十年里，每参加一次学生的婚宴，我就会为自己感慨一次。每一次入座长辈席位，我的学生在向其他宾客介绍我时，说得最多的是："这是我初中时的班主任，我读书的时候，她给我送过……"很多事我都不记得了，在他们那里却如数家珍。

　　佳佳是我教了仅一年的学生，当初我刚接手这个班时，她是一个能"指点江山"的女孩。因为食堂人多拥挤，于是她就不吃午饭。我每天为她买好午饭，我买啥，她吃啥，我加餐，她也加餐，后来因为我肾结石住院，我就再也没有给她买过午饭。但毕业后，她每次来看望我，总要提起我为她买午饭的事。

　　我给他们讲过很多做人的道理、做事的原则；我也教过他们阅读的方法、作文的技巧、默写的窍门，甚至答题的注意点。但这些方法他们在离开学校后，全部还给了我。我以为重要的，在他们那里不一定有长久的价值。由此，我感慨老师首先应是学生的领路人。

　　每个清晨和傍晚，走在校园里，一路上总会和一些熟悉的、不熟悉的学生同行，我会习惯地问他们："早饭吃了么？冷不冷？"下雨的日子里，我会随口提醒身边同行的学生："当心路滑哦！"课间或者午餐的时候，总有熟悉的或者不熟悉的学生向我问好。我知道，不是因为我是老师，而是因为这些随口的提醒，让他们觉得我好，至于这个好是什么，只有学生自己感觉得到。其实，学生对老师的要求很低，想到这儿，我的心就会柔软起来。他们记住的永远是老师的善良。

　　时不时会在朋友圈里看到这里那里的同行因一个不慎的言行或举动让自己

遭罪，这样的结果真的令人心痛又抓狂。《德育报》主编张国宏先生说："教育不是抱怨，教育永远是慈悲。"我以为教育是人对人，心对心的事，教师的慈悲，就在于把学生当人看。

在我的眼里和心里，学生不是制造分数的机器，他们会调皮捣蛋，他们还可能迟钝落后，但他们更是一个个有想法、有主张，会皱眉、会叹气的小人儿，每一个还都不一样。所以，我愿意倾听他们的心里话，也特别想知道他们心里面装着怎样的心思。

小凡向我倾诉：在家里，她是一个被忽视的存在，即使身体不舒服，也要等到难受得不行，父母才会送她去医院看病。她说，老师，其实我知道你是不喜欢我的，因为我长得不好看，学习也不好，脾气也不好，态度也不好，甚至性格也不好。

这是小凡第三次写这样的心里话了，只是这一次多了"老师，我知道，你是不喜欢我的"，这让我既心疼又欣喜。欣喜的是她还愿意向我倾诉，我们的交流通道是畅通的。虽然她说我是不喜欢她的，但我读出来的意思是"老师，请你喜欢我吧"。

我的留言也比往常长一点，大致是说，如果不喜欢你，就不会在乎你的一举一动。在我心里，学生是一个个鲜活的、有思想和灵魂、会变化的人。因为是人，所以就会有差异；因为有差异，所以我不会用一样的方法施加教育。如果你觉得老师哪里有点忽视你了，请一定要说出来，免得我担心瞎猜哦。她在第二天"每日一记"的第一行写道："谢谢您的留言，很高兴和您相遇！"

我不想也不愿意抱怨像小凡这样的学生考那点可怜的分数，我只愿意倾听他们心里的烦恼。和学生这样的交流每天都在进行，我们可以在交流中撒娇，在交流中打赌，在交流中抱一抱……师生感情也在一天天融洽，胆小的不再羞怯，后进的不再自卑，优秀的不会嘚瑟，能干的不会显摆，他们的学习生活也因此而生动起来。

庄子说："吾生也有涯，而知也无涯。"如此，当学生对学习有了主动追求的欲望和行动时，教育便成了一种积极快乐的事，而像花儿一样开放也就不是件难事了。

种下一个念想，没有不长的秧

28年前的高考是要先通过五月份预选考试的。我预选考试过了，再坚持两个月就是七月初的高考了。

我的宿舍在二楼到三楼的歇脚平台处，原本和我一起住的另一位同学在预选考试中被淘汰了，于是只有我一个人住了。我可以不被打扰地安心复习迎接高考了！当时，我心里就是这样想的。

随着插秧季节的结束，在闷热的天气里，高考也进入倒计时。

那天晚上，夜自修结束后我回到宿舍，听见气窗那里有"吱吱吱"的声响。当时没有放在心上。半夜起床时，我被黑乎乎飞着的东西吓到了。蝙蝠！宿舍里钻进来几只蝙蝠！它们挂在蚊帐上，那丑陋的样子让我心惊肉跳，在战战兢兢中熬到天亮。

一大早，我冲出宿舍，对楼下管理宿舍的钱阿姨说了这件事。阿姨说，没有事的，它们会飞走的。中午走进宿舍，那些怪物是飞走了，可是，一到晚上还是老样子——挂在蚊帐上！我和班主任说了这件事。班主任是个男老师，他说："哟，连个蝙蝠也怕，还怎么考大学？"

虽然很害怕，但我也不敢再说话了。我想回家住，可是家住乡下，当时交通也没有现在这么方便，乘公交车一个来回要好几个小时。我一直提心吊胆地想，这几只蝙蝠会不会见我可怜就自己飞走了呢？可是一到晚上一切还是老样子。于是，我白天上课也没有精神了！就这样，连着一周没有好好睡觉，白天把风油精涂在眼皮上也没有用，因此我也少不了被老师们狠狠地批评了几回。在昏昏沉沉中，我终于熬到了高考结束。

考试结束后，我径自花了两元钱，乘坐"啪啪车"（当时一种比较方便的

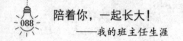

出租车）回家。从车站走回家需要20多分钟，那几天，雨特别大。走到半路，要过一个窑厂，窑洞出砖的通道直通外河，地面比较低，那通道被上涨的河水淹没了。我的凉鞋陷在烂泥里，脚抽出来了，凉鞋却不见了。那一刻，我放声大哭，一直哭到家。

梅雨季，水漫稻田。我一直闷在家里不出门。

那天母亲拉着我说："金娣，东河里的菱角都被水淹得看不见了，我们去看看吧，这么大的水面，你出生到现在还没有看见过呢。"我跟着母亲来到东河河堤，很多人在那里，或聊家常，或撒网捕鱼。水漫稻田！站在河堤上，河对岸白茫茫一片，远远看去，有些许绿色的稻秧叶尖露出水面，母亲用手指着那儿说："金娣，你看啊，这些秧苗才插下去没有多久，现在被水淹没了。不过只要天气好转了，水退下去后，它们照样还是会活过来的，到九十月份，还会结出饱满的稻子来。种下了一个要吃饭的念想，没有不长的秧！考大学不是一件容易的事情，你想，要是人人都考上大学了，那大学的门不是要被挤破了？"

母亲在东河河堤上给我上的这堂课，伴我度过了高中生活，它也成了我学生时代的最后一堂课。28年来，它已深深地烙在了我的心底。直到今天，不管做什么事，我都坚信：种下一个念想，没有不长的秧！

我就要做您的学生

倘若一个班主任对难以调教的、固执的、有时因其复杂性而不可理喻的学生避而远之，其结果会怎样？可能班级里会多一个对学习和劳动失去兴趣的落后者，可能一个家庭的希望会落空，可能日后社会会多一个怨天尤人的公民……

小泽是一个与众不同的学生。

入学报名那天他迟到了45分钟。冲进教室后，他靠着教室后墙把自己的身子滚动了一圈，嘴里不停地说着"我的座位呢，我的座位在哪儿呀"。

军训第一天，他不想下楼，我多劝了他几句，他扭过头瞟着我说了句："我脚痛，走不动。"后来是他爸爸让他第二天参加训练的。

军训第二天上午，我外出开会，把班级的事情托付给了另一位老师。会议刚开始，那位老师的电话就来了，说是小泽和教官打起来了，还在校园里窜来窜去，她挺着大肚子根本追不上。

开学第一天，每一个走进教室的老师，从教室出来后都会说："这是一个难缠的主儿，接下来的三年里，会麻烦连连！"

开学第四天，我在高铁上接到年级部主任的电话，说是小泽把地理老师踢了，请我回校后一定好好处理这件事。

这是一个怎样的学生啊，才开学第四天，他做我的学生才第八天啊！

回到学校，我在学生的"每日一记"里了解了大概情况：地理老师让他不要坐着把椅子移来移去，把地理书拿出来，做一些记录。说了几遍后，小泽瞥着眼把脚翘到了课桌上，把椅子弄成两只脚着地、两只脚落空的样子。地理老师气不过，想把他拉到我的办公室，结果被他一番狂抓，手臂被抓了几道血口子，小肚子又被他踢了一脚。

事情虽然处理了，但我知道不弄清楚问题的根源在哪里，今后的麻烦会更多。我找到了他毕业的小学。

"这是一个喜欢搞破坏的孩子！"

"这是一个喜欢惹事打人的孩子！很多小朋友被他打过，他还曾经用小剪刀把同学扎伤过。"

"这是一个缺爱的孩子！离异家庭，和父亲、叔父、奶奶一起生活。父亲用打教育他，叔叔也用打管教他。"

"这是一个很难研究的难题"。最后，那所小学的一位校长对我这样说。

他小学的同学告诉我："以前小泽从来不待在教室里，一直在校园里游荡。现在变好了，愿意待在教室里了。"

我明白了，小泽何止缺爱啊，他缺的东西太多了！

课间在和小泽闲聊时，他告诉我，数学他是能考及格的，语文嘛，马马虎虎，英语是打死也学不会了。我笑着对他说："那就把数学学好呗。"他盯着我问："其他要不要学呢？""你自己拿主意呗。"听我这么说，他似乎很惊讶，然后埋头做起数学题来。

小泽真的是一个与众不同的学生！

他学习数学的劲头越来越足，我也开始给他分派有价值的任务。我把教小超订正数学题的任务分给他，理由是数学老师来不及一个个辅导。他很愿意。

看到他在很多课上干坐，还不停地发出各种声音，我就带他去图书馆帮他借他认为好看的书。"他看书的时候，一点声音也没有。"英语老师说。原来如此！我好像又找到了一个帮助他的办法：设定阅读时间，每天带着他阅读！

于是，当他对我说"老师，我无聊了"的时候，也是他待在我身边阅读的时候。一张桌子，一把椅子，他很享受地走进书的世界。

渐渐地，我派给他的任务也多了起来。班级里新买的花架要组装，他说他会很快搭好；"优秀袋"的挂钩在雨水天从瓷砖上掉下来了，他说他有办法让挂钩牢固；我的拼图散架了，他说小菜一碟……他收敛了他的暴脾气，还有那一触即竖的刺。

　　我把我的意图隐藏在友好的毫无拘束的氛围中，一个任务完成了，一起说说话，吃点零食，他假装拒绝但还是很开心地接受了。那天，其他老师对他说："小泽，蒋老师一直叫你做事，太辛苦了，你还是不要做她的学生了。"他瞪着眼睛说："嗯，我就是要做她的学生。"

　　教育没有捷径。帮助一个孩子需要花费很长的时间和精力，这是需要老师付出耐心的。《礼记》云：教也者，长善而救其失者也。我不知道我能帮小泽找回多少他曾经丢失的东西，也不知道，接下来的两年多里，他还会有哪些变化，但我深知，正确地进行教育不是一件简单的事，面对那些复杂和困难的任务，是要点钻研和机智，要点忍耐和自制的！

（发表于《江苏教育》2019年第55期）

让学生的天性在规则的轨道上行走

这是去年发生在班级里的一件事。

课间，小B往小A的矿泉水瓶里倒了一些粉笔灰，小A毫不知情，喝了几口后才发现瓶子里的水有点异样。当时他没有在意，回到家后，感觉有点不舒服，就告诉了爷爷。第二天，小A爷爷来学校后，在其他几位同学的证实下，才知道小B做了"好事"。小B却说"只是开个玩笑"。小A有哮喘，所以他爷爷对这件事很重视，不依不饶地要讨个说法，最后在多方协调下，才在小B父母承担全部医药费并写下保证书后作罢。

小B因为一个玩笑让父母为他付出了沉重的代价。

学生在校生活是以"45分钟+"为板块组合起来的，而初中学生的"天性"又是玩。他们爱玩且无知无畏。那么，如何才能既保护学生的天性，又使之不与学校的规则发生冲突呢？

首先要培养学生的规则意识。规范学生的言行举止，是班主任日常工作的一个重要内容。很多班主任都有这样的体会：自己苦口婆心地说教，到了学生那里往往成了压制他们兴趣爱好的紧箍咒。学生觉得不爽的原因大多是缺乏规则意识。"蓬生麻中，不扶自直"，说的是生活在好的环境里，能得到健康成长。在学校生活中，好环境就是良好的校风班风，这是需要在全体师生遵守规则的前提下才能达成的。

其次，呵护天性，不是任其为所欲为，而是要让其受到班规校纪的约束。就好比自由和纪律，守纪律才能享受自由，守规则才能享受天性带给自己的乐趣，课上、课间只有遵守规则，才能享受让天性展示其应有魅力而带来的快乐。

再次，要研究学生。这就在制定让学生遵守的规则时，一定要让其天性有自由发挥的空间，要研究学生的年龄、生理和心理特点，从而改变教育教学行为和方式，改变管理模式，制定出适合学生年龄特征的规则。只有这样，"以人为本、以生为本"的理念才不会落空，教育活动也不会仅止于形式了。

最后，要调整课堂教学模式。在学科教学过程中，要多给学生创造展示其兴趣爱好的机会。我们现在的课堂教学模式大多还是几十年前的样子，老师讲，学生听讲并记录。其实现在的学生敢想敢做，课堂上若给他们一些陈述讨论机会，他们被压抑的情绪会得以发散。这是一种平衡心理和情绪的好方法，也是引导孩子课间持续思考的有效方法。一个人有了正向思考，恶作剧的念头就会少很多。

如果说任课老师主要是给学生传授课本知识的术，那么班主任还应关注教育学生的道。即使是在今天，我们还能看到很多教师在抓分数、抓做题、抓订正，似乎学生到校后的一切都要围着考试、围着分数转圈圈。心理学家告诉我们，在一堂45分钟的课上，要让人的注意力持续45分钟是一件很不容易的事。学生自己要有专注能力，但也要求教师有课堂教学方式、教学策略，而后者显然是关键。所以在课堂教学中，教师如果能结合学科特点，给学生创设更多展示兴趣爱好的机会，那么学生课间胡闹的情况会少很多。

工作中，时常会碰到课间喜欢追逐打闹的学生，这些孩子天性好动。曾经有一个男生对我说："初中一点也不好玩，下了课还要坐在座位上。"撇开纪律要求，我们是不是可以设想一下，一个青春年少的孩子长时间坐在座位上，不是听课就是写作业，这样的学习生活确实单调乏味。但是课间任由他们"自由行"，又可能会带来一些意外。所以，还要考虑怎么用好课间十分钟，让孩子的天性有用武之地。

学生的天性只有在规则的轨道上自由行走，才有可能快乐学习并收获学习的快乐。正如杭州金城外国语小学孙小芙校长所说："要研究儿童，做合儿童天性的教育，才是真教育。"

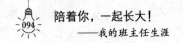

一次计划外的家访

刚下课，英语老师就冲进办公室气呼呼地对我说："你们班小智家庭作业又是一片空白，课上讲评过后还不订正。跟他讲了，他还朝我翻白眼，还狡辩，太不像话了！每天重默也不做了，家里父母管不管？你把他家长请来，我要和他家长说说！"说完转身走了。

这是做班主任经常会遇到的事——任课老师告状！任课老师告状的原因大多是学生不做作业、交作业拖拉不及时、课堂不遵守纪律（睡觉、顶嘴）等。遇到这种情况，如果不能及时处理好，师生之间的误会和矛盾会更深。

我把小智请到办公室，请他把英语课堂上发生的事情写下来。小智写道："我今天的英语作业，有两个地方没有订正好，其他都订正好了，老师却骂我，说我一直不订正，然后我就趴在课桌上了。"我翻了几页他的英语练习本，订正过的批阅很少。小智解释说，是上学晚了忘记交了，也就没有给老师批阅了。英语老师生气肯定不只是这个原因。我又问他今天英语默写了哪些内容，数量有多少，小智说不出来。看来英语老师说他作业没有订正是一个事实，这也是引发她怒恼到要告状的导火索，小智每天的英语作业（口头和笔头的）确实没有做。对于一个负责的老师来说，这是很让人头痛的事。小智英语学科成绩确实一直不好，初一时，还很努力的样子，但基础实在差，跟不上，对他来说，要学好英语真心不容易。他爸爸也一直嫌他不努力，骂他不争气。我也曾多次建议他降低一点要求，但他始终不愿意。现在他处在降低要求和"死要面子"的夹缝中，面对老师的责问，不是找理由应对，就是充耳不闻了。看来我还是要说清楚"降低要求不等于老师不管"这个问题。

我对小智说："对于一门自己不喜欢的学科，要学得好是不容易的，但学校既然开设了这些科目，说明学生是要学一点的，你把自己能承受的默写数量说一下吧。"小智说："默写英语单词倒是没有什么，就是那些句子翻译和课文很烦，语法也不懂，还背不出来。"最终我和他约定，先把英语单词和词组默写做起来。我准确请英语老师每天单独布置一点单词或词组默写的任务，由我来监督他默写。当我和英语老师说这件事情的时候，急性子的英语老师说："班主任真是太辛苦了，就是不知道他父母领不领情！""这个你就不用管了，学习的任务能落实下去就行。"我说。小智也同意了我的办法。但他和英语老师之间的"不愉快"还没有消除呢！我说："英语老师真是傻，其实你学不学对她没有丝毫影响，但她偏要盯着你学，估计是她心里喜欢你，又有点恨铁不成钢吧。这样吧，为了她那点严厉的好心，我们一起去向她道歉吧，顺便把我俩的约定告诉她，免得她以后再瞎担心，瞎上火？"小智说："好吧。"从那以后，初二到初三毕业的一个半学期，小智的英语默写作业都在我的身边完成。

我不想因为学生的功课或作业问题把家长请到学校，但我可以去家访呀！我建议英语老师把小智在英语学科上存在的问题，需要改进的、需要家长督促落实的罗列出来，我要去他家和家长交流一下。当天晚上我就去了小智家家访。我把和小智的约定向他爸妈做了解释，又用"消化不良"的比方，讲清楚了降低英语学科要求这件事。他父母也反思是自己把孩子骂得麻木了。他爸爸说："我们干的是粗活，以为只要拼命赚钱就是对得起孩子了，听您这么一说，我明白了，我们会督促好这个过程的。"她妈妈对小智说："老师抓得紧，我们也能安心地工作啊。"听着小智父母的话，我暗自欣喜：这次计划外的家访还是有效果的！

碰到任课老师告状，班主任要及时处理，这样才能让师生之间误会和矛盾得到及时消除。在了解情况时，最好让学生写下事情的经过，叙事是一种处理问题的方法。书写的过程，也是学生平息心中火气、自我反思的过程。此外，团结协作很重要，班主任对学生的了解要比任课老师清楚细致，了解事情原委后，要及时、积极地和任课老师沟通，并针对学科和学生个体的情况与任课老师协商，落实学生能达成的学习任务。有时候，班主任的态度会决定事情发展

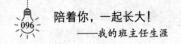

的方向。双方的工作都做了以后，班主任还要让双方见面，通过学生道歉、任课老师谅解和鼓励的方式，消除双方尤其是学生的消极情绪。最后，要发挥家长的力量，做好学生日常学习和生活习惯的督促工作。学生身上出现的问题可大可小，如果没有家长的积极配合，仅靠班主任一个人的力量是无法达成教育目的的。

当然，最终要把坏事变成好事，班主任还是要做好随时准备吃亏的心理准备。

他在课堂上撕掉了活动单

那天，英语老师走进办公室气鼓鼓地对我说："蒋老师，你去看看，小峰实在不像样子，你去把他请出来吧，我是请不动他！"我慌忙走进教室，只见小峰双手抱肩虎着脸侧身斜坐，课桌上是撕坏的活动单。英语老师对他说："你什么作业都不做，还有理了，跟班主任出去说吧。"他狠狠地瞟了英语老师一眼，站起身就跟我去了办公室。

小峰的学习成绩确实不怎么好，但他语感很好，语文学科学很开心，分数也不低，甚至还来找我要阅读理解的练习，说要看那上面的文章。上个学期，他还问我，如果他的语文考到了优秀，能不能让他担任行政组长。结果，我和他都如愿了。

也许是担任行政组长的缘故吧，开学前两周，他的表现令人刮目相看！可是第三周就"原形毕露"了！

我把他带到了学生阅览室，对他说："这里没有其他人，我想听你说说心里话，到底是怎么啦？"

他嘟着嘴巴说："英语老师每节课上都说我，不是说这个就是说那个，还说我在教育机构里就是不学好，只会抄作业。反正我怎么样做都是不对的，做和不做也是一样的。其实，我也不想去教育机构，那里确实很吵的，但妈妈非要让我去。"噢，他认为老师在说他不好，而不是觉得老师在关注他、在教育他。

英语老师说："开学前两个星期倒是挺卖力的，也不知怎么的，现在他的英语作业天天做不全、交不上。每天的默写也越来越差。差就差吧，但是你订正啊，自默啊，抄写中文啊，可我要求预先做好准备的，他总要我催很多次才勉强完成，有时我还没有下班，他倒一溜烟走了。今天课上我要他把昨天的活动单拿出来订正，他赖着不动，后来拿出来，上面一片空白。我请他下课补好，他就赌气自己撕了活动单，弄得好像我要把他怎么样了呢。"说完，英语老师又对我说："你最好和他家长联系一下，让他家长也知道这种情况。"

都说孩子的问题大多来自家庭。是啊，会不会家里有什么事，否则怎么会突然像换了个人似的？我本来也计划要去他家呢，借着今天的契机就提前做一次家访吧。

其实小峰觉得教育机构对他的学习帮助不大。在和家长的沟通过程中，他爸爸说，我们是很愿意每天陪伴、督促他学习的，但这孩子的速度慢得让人心焦，不得已才送他去教育机构的。小峰说，他慢是因为他有他的节奏，但妈妈一直在耳边不停地催促，搞得他很心烦，就更加慢了，有时干脆啥也不想做了。最后，他妈妈答应，一定改正这个毛病，不再催促，但要求小峰一定要抓紧时间做事。心结打开了，我提出的一些做法他们也表示愿意尝试。

我把这次家访中了解到的情况以及家长的焦虑和英语老师做了沟通。英语老师说，这样的孩子、这样的家长她见得多了，对小峰暂时用"骗"的法子吧。

英语老师向小峰道歉，还诚恳地对小峰说，特别想再次看到他刚开学时的那种精气神，也希望他振作精神，有什么想法和需要只管和老师说。小峰被英语老师说得有点感动了，表示自己也不对，不该对老师发脾气，今后一定努力跟上。最后，他们制定了一份协议，小峰必须在规定的时间完成英语默写的后续工作（包括订正、重默、翻译成中文等），超时的话，就被罚在放学后补写。

孩子毕竟是孩子，任性而为是他们在受到自认为不公平待遇时强有力的反击。当我们遇到人不坏但脾气一发作就要赌气的学生时，一定要在心里告诫自己：他还是个孩子！此外，孩子是不会遮掩自己的情绪的，愤怒的脸色、躲闪的眼神都是因为心里有事，我们要善于通过家长弄清楚这些情绪掩盖下的问题和问题的根源。引发孩子发脾气的导火索可能就是老师脱口而出的一句话。校园无小事，事事皆教育。为了处理好学生的问题，同事之间要多交流沟通想法。教师们也要自我反省，该向学生道歉的就要道歉。这样反而会得到学生更多的尊敬，从这一点上来说，我们是与学生一起成长的。

小闻和"每日一记"

小闻是我12年前的学生。他当时是既能择校又能择班级的少数学生之一。

记得开学没几天，就有同事找到我，介绍了一些关于小闻的情况。当时具体说了哪些我记不太清楚了，但是我记住了小闻很内向，不愿意主动和同学说话，尤其是不愿与还不熟悉的同学和老师说话，并且在家里也不太爱和家里人说话。那位同事希望我能想点办法，让班级同学和小闻多说说话、多聊聊天，尽快让小闻融入班集体生活。

果然，在接下来的日子里，我经常看见小闻下课时，除了上厕所，就是站在教室外的走廊上，也不知道是在看教室前面的法国梧桐呢，还是在想自己的心事，或者就是发发呆而已。而只要看见老师远远地向教室走来，他就立即转身走进教室。调皮的小胜说他像个幽灵，他也不生气。

虽然我私下找了几个班干部，嘱咐他们有事没事的时候和小闻聊聊天，但效果不大。班干部们说："老师，我们下课要搬运作业，要发号施令，没有那么多时间呀！况且，我们和他说话，他也不接茬，我们这不是在自讨没趣嘛。"想想也是。解铃还须系铃人。小闻进入初中以前就是这样了，我把任务丢给一群对他的情况完全不清楚的班干部，又有什么用呢？

于是，课间我会和他开玩笑："小闻呐，你的头发这么黑、这么亮，是不是吃了什么养发的美食呀？"他只是笑笑。"小闻呐，昨天梧桐树叶的颜色有没有变化呀？"他莫名其妙地看着我说："不知道。""小闻，你今天穿了新衣服哇，神气的很呢。"他腼腆地看着自己的袖子笑了笑。有时，我除了会在他的作业本上写上"认真""有进步"等评语外，还会写一些其他的话。这样的交流一直持续了一个半学期。这期间，她妈妈来和我交流过几次，除了问成绩，就是问孩子在学校乖不乖。我也见过他爸爸一次，直觉告诉我，他是一个对孩子粗心而严厉的警官。

后来，语文课代表小淳终于和他说上话了。小淳每天要到奶奶家吃晚饭，有一段路正好和小闻回家的路重合，两人就一起走。小淳告诉我，其实小闻不是不愿意说话，是他觉得家里没有一个人可以和他说得上话。

这是怎么回事呢？带着这样的疑虑，在初二那年的大年初二，我去了小闻家家访。

他妈妈很高兴！我到的时候，他爸爸还没有起床呢。小闻的表妹在他家里，我到的时候，这两个孩子正在电脑前玩呢。小闻从房间里出来的时候，他妈妈说："快喊蒋老师好，快请蒋老师坐！"小闻嗫嚅着按妈妈教的向我问了声好。随后出来的比他小一点的女孩，毫无顾忌地说："他只会和我在QQ里说话，说好多的话。"我有点明白了。

小闻不喜欢当着别人的面聊这聊那，但在QQ里面能说会道。那班级里是不是还有像他这样的学生呢？小闻是因为有同事提醒，我才格外关注他的，那我没有格外关注到的其他学生呢？那一刻，我努力在想，有没有什么办法，可以让学生和我敞开心扉交流，让我可以做一个倾听学生心里话的老师。

"每日一记"就这样应运而生了！这是小闻给我的启发。直到现在我都在想，很多时候，我们当面和学生说了很多，打动他们的可能真的不多。但在不见面的情况下交流，效果就不一样了。我也是从小闻的"每日一记"里知道了他家里的一些情况，还有他觉得在家里没有什么好说的的原因。

其实，在师生交流中，说话的主导方往往是老师，学生大多数情况下在做倾听者。自从我和学生以"每日一记"的形式每天进行书面交流后，我发现，"每日一记"也成了他们发泄情绪的私密武器。他们每天都有地方吐槽发泄，而我们的师生感情也越来越融洽了。由此，我想，如果在课堂上也给他们更多表达的机会，那他们也会越来越大胆、越来越能说的，当然也会越来越会思考了，这是一个提升学生能力的方法，值得试一试。

五月，感恩教育在行动

小叶六年级毕业考试前，她妈妈出车祸过世了。

初一学生暑期军训前，就有不少老师来和我打招呼，请我多关照这个又黑又胖，终日披头散发，走路不看人的女孩。她每天会带不少零钱和进口食品，不停地吃。

初一第二学期开学后，她妈妈的生前好友王老师找到我，希望我能为小叶再深入地做点什么。她说："小叶开口闭口都喊爸爸的小名（爸爸是上门女婿）。现在她花的钱，都是她妈妈出车祸的赔款。她爸爸没有能力赚这么多钱供她花，小叶是知道的，但她还是不停地要爸爸给她买进口食品，问爸爸要钱花。"怎么才能帮到她呢?

五月是一个感恩的月份，每年这个时候，学校都会组织全年级开展感恩教育活动。我想在五月的家长课堂上做一次班级专属的感恩活动，为了小叶，也为了其他的孩子。

当我和孩子们说出我的想法的时候，他们叽叽喳喳地议论起来了。有的问："要不要扎红带蒙住眼睛呢?"有的问："还讲汶川地震中的故事吗?"还有的说："要带好纸巾了，免得哭得稀里哗啦的。"我没有想到学校组织的感恩教育活动在孩子心里留下的是这样的画面，脑海里不由得回忆起一位家长在参加完感恩教育活动后说的话："开个家长会，搞得像开追悼会。"我对家长的理解不做点评，但是，每一次感恩教育活动，最终的环节都是孩子和父母抱头痛哭，学生抱着老师流着眼泪说"老师，谢谢您"。是啊，感动了才会懂得感恩，但眼泪不是感恩必需的，更不是感恩教育的目的。如果学生能在感恩活动中被打动、被感动，还能学会如何感恩并采取实际行动，那是再好不过的了。

　　我把设计好的方案和思路，一起发给了班级家委会，家委会便开始在家长中发动组织起来。我也把我的想法同从事国学研究、经典诵读的王老师做了沟通，王老师欣然接受了我的邀请。为了小叶，她开始学唱《跪羊图》，这是一首手语歌。家长课堂那天，她本来是要赴杭州参加一个志愿者活动的，但为了我们班级的感恩教育活动，她如约把《跪羊图》带到了我们中间，带给了我的学生还有他们身后的父母们。

　　当《跪羊图》的音乐在教室里回响的时候，没有一个人不跟着王老师学的，不论是孩子还是大人！美好纯净的音乐背后有着动人故事，一曲《跪羊图》传递的声音是一样的，但每一个心里体会到的情感却是完全不同的。

　　随后两位家长讲述了他们各自的感恩故事。令我感动的是，他们说的都是日常生活中的点点滴滴，有感恩的小行动、小确幸，有学会感恩后的舒畅，也有因为幼稚而不懂得感恩的遗憾。生活需要感恩，而感恩不是豪言壮语，感恩更在于细节。家长课堂结束后，志愿者开始给每一个孩子分发美食。孩子们破天荒地没有吵闹声，安静地等着，有几个孩子甚至主动站起来帮忙。早发到美食的孩子，看着自己桌上的美食，转头用眼神搜索着自己的父母，开心地招呼着爸爸妈妈一起享用。小叶把一小块蛋糕塞进了爸爸的嘴里，爸爸摸了摸她的头，笑了。

　　跟随王老师一起来的吴老师在讲完结束语后，由衷地说："真好，教室里流淌着爱。"

　　当晚，王老师给我发来短信："是你的精心安排，帮助到了她，真的感恩你的用心。我在教手语时一直在关注她，她虽然有点不知所措，但还是在参与。我看得出来，她今天很开心。"

　　教育最好的效果就是润物无声。学生虽小，但他们的心是亮堂的。所以，教师帮助一个学生是不需要挑明的，更不需要拿出"我是为你好"的架势来。

　　能帮到一位学生，我也很开心，这次班级感恩教育也感动了我，我也深深懂得，教育的效果不是靠一次突击活动就能显现的，学生感恩的心也不是靠一次活动就能长久的。对于这一点，身为班主任，我们必须有清醒的头脑，对一些固定的套路或模式，对一些为博眼球、凸显效果而设置的环节，一定要警惕。有一些教育者对于一些热点，会不加选择地拿来给学生洗脑，希望通过这样的灌输让学生变成一个听自己话顺意的人。但是他们忘记了一件事，那就是，教育是影响人、感染人而不是给人洗脑。

就在那个五月，我把感恩做成了为期一个月的"（12）班感恩节"。

你的故事续集我来写

　　小怡是母亲再婚后的孩子，全家人都宠着她。据她妈妈说，秋冬季节，每天起床后都是妈妈帮她穿裤子，一直帮她穿到春暖花开。

　　她是一个过于活泼的女生，特别喜欢惹男生。她会抓他们的头发。男生走过她桌旁，她会伸出脚绊他们一下。她还会将男生的书和笔扔到讲台或其他女生课桌上。学生每天来告状的也都是这些事。每次教育她之后，不过一个星期，她还是老样子。家长说，都是家里把她宠坏了，请老师多包涵。

　　但让我觉得包涵不了的是，一到星期一，她总是会很晚到校，到校后，上不了两节课，不是肚子痛就是牙痛。虽然我心里怀疑，但我不拆穿她，总是送她去医务室，准备好热开水，并打电话通知她家长。慢慢地，她的"痛"病发作频率降低了。但星期一到校迟到的现象还是老样子。

　　终于在初二第一学期冬季的某天，我爆发了。

　　那天早上，她妈妈给我发短信，说小怡要晚一点到学校。在第二节课的时候，他妈妈又打电话给我，说他们一家在校门口，小孩不愿意下车，不愿意进校门，让我出去接她。我到了校门口，发现夫妻俩是一起来的。小怡坐在车里，他爸爸在跟她说着什么，妈妈满脸怒气。我弯着腰和她说了很久，最后，考虑到孩子的情绪，我给她找了个台阶："今天很晚了，进班级会很没面子的，还是明天早一点来吧。"她使劲点头。虽然她父母不说什么，但我总觉得另有隐情。就这样，在我"尊重孩子"的请求下，他们带着孩子回家了。

　　放学的时候，她妈妈来拿家庭作业，说出了事情原委。原来她是离家出走不成被人送回家的，为此他们狠狠地打了她一顿。

其实，小怡很早就用手机和外界交往，她妈妈也是知道的。初一入学时，我要求学生不带手机上学，实在需要带的，早上到校后，由指定的同学收起来，存放在我给他的一个抽屉里，每天放学时负责发还。那时我就发现小怡带着手机上学，并发现她加了63个QQ群。但她妈妈否认孩子带手机到学校。后来小怡是没有带手机到学校了，但还是通过手机QQ和外界的"圈子"频繁来往。

她妈妈说："蒋老师，现在她走到哪里，我要跟到哪里，一旦离开我的视线，她就不会回来了。她的心野了。"

"心野了"，那怎么把野的心找回来呢？我能做点什么呢？

"你们大人啊，总是觉得自己很厉害，不停地说呀说的，我们小孩是有故事的，故事里难道只有说话吗？"儿子的话提醒了我。我要让小怡到我为她写的故事里！

我们的班级微活动一个月有一两次，那些活动能轮到小怡的机会很少。于洁老师给学生定制的一周和老师合影的做法给了我启示，我在班级微活动中，加入了"一周得意事"活动。连续五次学科默写达标的同学，可以和任课老师合影，累积达到一定次数后，可以和校长或自己喜欢的老师合影。合影前是要说祝贺词的，有好几次我安排小怡对入选的同学说祝贺词。慢慢地，她的语文默写满分多起来了，上学晚到的情况也越来越少了。

初二第二学期，我尝试家长班级的实践。前期做了很多准备，接下去就是请家长来给孩子们讲课了！每一讲，我都会提前发布消息，并单独给她妈妈打电话，请她来为讲课的家长做志愿服务。后来小怡妈妈主动要求讲课了，她是做家具生意的，她讲怎么和顾客交谈才能做成生意，也讲与家具有关的专业知识。于是课间，就有同学向小怡请教家具方面的知识，甚至说要到她家去买家具，让她给打折。那次以后，小怡变得沉静起来了。

初三第一学期，她爸爸来讲课了，讲在印度做生意的经历。他告诉孩子们，到哪儿都不如在家好，都不如在父母身边好。在父亲的课上，小怡偷偷在抹眼泪！我知道，她已经走进了我为她写的故事里。

在班级毕业典礼上，表演完独唱后的她，抱着我大声说："蒋老师，不要

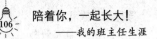

忘了我！"那一刻，我的眼泪瞬间流下，在场的很多家长，包括她的妈妈，都笑着擦眼睛。

我们的工作烦琐中见细致，重复中现功夫。每个行为反常的孩子背后都有着属于他们的故事，只是需要有人帮他们把续集写好。那么，我们就坚持，做那个写故事的人吧，用心做，定能帮到孩子和他们身后的家庭。

我要让你发光发亮

每个学生都是百花园中的一朵鲜花，只是花期不同而已。即使是后进生，也有他的长处，只是他的长处暂时不够长，不容易被人发现。这就需要教师善于捕捉这类学生身上的闪光点，并将其挖掘后放大再放大。如此，学生就会朝老师期待的方向发展，并显现"朽木"可"雕"的良好效果。

初二接班，我遇见了小寒。

那时，他在学校可出名了：不是旷课就是迟到，上课不是睡觉就是与老师顶嘴唱反调，不做作业是家常便饭；面对老师的循循善诱，他无动于衷、针锋相对；面对家长的苦口婆心，他嗤之以鼻、不以为然。

一个偶然的机会，我看到他打篮球不但技术娴熟且心无旁骛，那样子真的很酷！体育老师也跟我说，这个孩子打球时跟别人不一样，喜欢想刚才的动作为什么不成功，还喜欢问怎么办。这是一个很好的教育契机！我和体育老师一合计，推选他参加学校的三人篮球赛，由他担任队长，负责训练我们班的篮球队。这回，他没有拒绝，而是欣然接受了。但我给他提出了要求：每天必须完成我指定的作业，上课也不能捣乱。他一口答应了，像模像样地做起了队长。在后来的篮球比赛中，我们班获得了第一名。我拿着奖状兴奋地对全班同学说："同学们，你们真厉害！小寒同学更是了不得啊，不但自己球打得好，还带我们班的篮球队走上了领奖台……"趁热打铁，我又推选他参加学校的篮球队。从那以后，他像变了个人似的，上课不但听课了，还学着做笔记了。他一取得一点点进步，我就在周五的颁奖仪式上大加表扬他、鼓励他。功夫不负有心人，随着他听课、做笔记、写作业、订正等常规学习任务完成得越来越有认真的时候，他的学习成绩也开始有起色了，不少坏习惯比如上课睡觉等也渐渐消失了。

有些男孩进入青春期后，自我意识会越来越强烈，一旦老师或家长的言语不入他们的心，他们就会故意朝相反方向走，体验"出风头"、被关注的自豪感。在他们看来，做别人不敢而他敢做的事，那是威风。这是典型的"初二现象"。

一把钥匙开一把锁。面对这样的学生，班主任要深入细致地了解他们的行为习惯、兴趣爱好及背后的原因，再确定行之有效的对策。

请小寒训练班级篮球队，是要利用闲暇时间的。在家访时我和小寒父母做了沟通，他们表示支持我的做法，也表示会配合我做好孩子的接送工作。听了我的分析后，家长也认识到自己施教的方式过于简单粗暴，只看到孩子眼下的分数，没有看到孩子的成长还需要其他助推器。有了家长的支持，我的工作也顺了；有了我的指导，家长也开始关注小寒的兴趣爱好了。围绕孩子的兴趣爱好，将家庭教育稍做改变时，教育的效果也显现出来了。父母对他的尊重和信任让小寒慢慢消除了对立情绪。

善于发现学生身上的闪光点并发挥其作用，是班主任的一个基本功。发现小寒喜欢打篮球，我便让他担任班级篮球队队长，把管理和训练班级篮球队的责任交给他。因为是做自己喜欢的事情，他自然也乐在其中。人在做事时是有一股子劲的，这股子劲将小寒的心思转移到了正事上。同时，要管好篮球队得有真本事，这个本事除了打球好之外，学习也得拿得出手啊，这些都倒逼着小寒自觉改变对待学习的态度。

随着小寒和老师、父母的对立情绪的逐渐消除，他对待学习比以往更加用心，在学习上的竞争意识也更强了。此外，他人也开朗了，做错了事会主动承认。

没有爱便没有教育。教育过程不仅是一种技巧的施展，更是充满了人情味的心灵交融。在找到打篮球这个契合点后，我提携他、鼓励他、肯定他，而我的真心实意，小寒也都看在眼里。

像小寒这样的学生，我们怎么才能帮助他们驱走心魔呢？我想，班主任首先要做的便是善于多角度透视，及时发现学生兴趣爱好。其次，要给他们创造施展兴趣爱好的机会或平台，增加他们获得表扬或肯定的机会，以此增强他们的自信心。孩子的主动放弃源自内心的失望，有了自信心、有了希望，产生学习的动力自然也是水到渠成的事了。当然，最重要的是教师要有一颗真诚的心，让学生感受到你的关爱是真诚的，坚持做下去，那么，改变一个顽童也不是难事。

那层窗户纸

　　小超在"每日一记"里问我："老师，这个星期五放学后，你能不能在办公室等我一会儿，我想和您说点儿我的心事。"小超是个专注学习、老实但不死板的孩子，和同学关系相处得挺好。他会有什么心事要和我说呢，我心里嘀咕着。

　　周五放学后，他来到了我的办公室，身后还跟着小季。他们两个不但关系好，长得也挺像，都人高马大胖乎乎、憨憨的，学习也好。两人齐刷刷地站在我面前，互相推了推，一个说："你说吧。"另一个说："还是你说吧。"奇了怪了，什么事情要两个人一起来说呢？"快说。不说，我要下班了。"我一声令下。两人涨红了脸，嗫嚅着说："我们两个都喜欢上了小星。"我还是第一次听到学生这么敞开了和我说"喜欢上了同一个人"呢，而且还是两个男孩子说他们喜欢上了同一个女孩。

　　小星文文静静的，长得挺拔，白皙又圆润的脸，忽闪忽闪的大眼睛，笑起来甜甜的。她虽然寄宿在学校，但生活的细节一点也不马虎；学习也是没的说，一直保持年级前五。

　　"那小星知道你们喜欢她吗？"我问。小超说："是她先喜欢我的。""你是怎么知道的？""老师，她不是寄宿生吗，这个学期，有好几次我一早到学校，都发现我的课堂笔记有人帮我补好了。开始我也觉得很奇怪，可是后来次数多了，我就注意了一下，字迹和小星的一模一样。要是她不喜欢我，怎么会帮我补听课笔记呢？"听小超这么说，我很意外。小星真的很安静，她是班干部，她做事我放心。她心里喜欢小超，也不是没有可能。"那小季，你怎么知道小星喜欢你？""好几次，在操场上和下课时，她朝我笑。还有，我自己也喜欢看她笑。"听他俩这么说，我一时也不知道该说什么，只觉得不能让这样的思绪在他们心里扩散开来，但又隐约觉得这也不是坏事。

当我问清楚他俩都没有用什么方式向小星表达什么，小星也没有用什么方式正式向他们表达什么时，松了一口气——那层窗户纸还没有捅破！还有回旋的余地！我对他们说："你俩的眼光不错，不要说你们了，老师们也很喜欢她。如果这些是真的，那我估计是你们这段时间在学习上有点乏力，作为班长，小星想暗中帮你们一把吧。"小超紧张地说："可是现在我会想这件事，马上要中考了，我想静静地学习，可是……"小季在一旁使劲点头，也表达着同样的感受。是呀，要是心里老想着这事，对这俩实诚的孩子来说，真是件折磨人的事！

经过一番分析，他们渐渐地被我带向了这样一个方向：自己心里是有点喜欢小星了，至于小星有没有喜欢上自己，都是俩人的猜测。如果小星在接下来的日子里，还在暗中相助，那就是她不想被人误解，但是又不想看着他们两个在学习上止步不前。小超突然说："哦，我明白了，在学习上要是能赶上她，就可以和她说了，是吗？"我心里暗想：学习上赶超小星是不容易的，要是真赶上了，那时又会有另一种感受了。时间会淡化很多东西。

对于他们心里会想这件事的问题，我让他们想的时候就唱自己喜欢的歌，歌词全部改成"我要赶超你"。我还跟他们规定，在学校不能和小星单独相处。当然，我也会在课间多进班级的。

我不想做个喜欢探秘的班主任，但我想帮助学生心无杂念地迎接中考。事后，我找到小星，跟她说我很担心小超和小季的成绩，因为他俩的成绩不太稳定，想请她帮他们一把。小星很沉静地问："怎么帮？"我请她给他俩布置一些理科的中考题，让他们练练。我和小星商量后，决定不但让小星给他们题目做（量不多，一周两道），还要由小星批阅和纠正。中考后，他们都考进了重点中学。去年，他们也都考进了心仪的大学，曾经的窗户纸也化作了友谊的坚壁。

初中学生对异性的好感也是他们成长路上的一个重要内容。班主任要做的，就是用真诚的心，引导他们通过自己的努力寻找情感转化的通道，并提供一些转移注意力的途径和方法。必要时，班主任还可以利用课间在班级里多走走，和学生聊聊生活琐事，这也是一种很好的干预策略。

第四辑

悸动・烦恼

——铺垫青春之路

4

总有一个办法适合你

小安因为脚痛请了两个星期的病假。病假后第一天上学，他对我说："老师，我这个病要吃半年的药，这个学期体育课不能上了。"

小安落下的课，我和任课老师们商量尽量抽时间帮他补起来。小安脚痛不能多走路，我就帮他买午饭。我们班在四楼，信息技术课、音乐和美术课分别在另外两幢楼的三楼和二楼上，如果他要上这些课的话，必须从四楼下到底楼，再上另外两幢楼的三楼或二楼。他爸爸说孩子就是脚痛，两周后，可以等孩子的脚痛缓解些了再去上这些课，但这学期的体育课真是不能上了。于是，我为他分别向这些老师请了两周的假。

但是，很多事情不是我想得那么容易和顺畅。

两周后，小安吃完午饭，我跟他说不要总坐着，也要稍微动动，每次他都说"我脚痛得很"。可是每一节体育课、音乐课和美术课，他都要下楼去参加。其他学生告诉我，刚开始上体育课时小安坐在旁边看，看了两节课后就跟着大家玩起来了。我请他下楼参加升旗仪式，他说："我的脚还是痛，下不了楼。"

星期日晚上八点多了，他在家长群里问双休日的家庭作业有哪些，当我回应他"看一下自己的家校联系本"时，他说："我有一个作业要求没有记下来。应该不会只有这些作业，我想问问清楚。"星期一早上，我看见他在赶双休日的家庭作业。

刚开始老师们都鼓励他好好学，慢一点不要紧，但接下来的日子，小安很不给我们面子，不是这个作业不做，就是那份作业漏做，就连一直夸他上进的英语老师，看着黑板上天天擦不掉的他的名字也禁不住皱起了眉头。

他爸爸说，小安在读小学的时候懒散惯了，如今更是找到借口了。想想开学初的小安，如小老虎般的学习劲头，英语老师总说，教这样的学生，成绩差一点也开心。病假第一周在病床上，他还让我每天把功课教学的进度发给他，并说有些知识点他可以自己学。可现在的他呢？一提学习任务，就把"因为脚痛，所以……"挂在嘴上。

虽然他想得过且过，可我不能让他得过且过啊。

期中考试前，我找了他三次。第一次，我和他聊他开学时的样子，那时每一个老师都很喜欢他，并向他灌输"老师看重的不是分数，而是他的精气神"的观点。第二次我请他算一算，130分的卷子，及格分、良好分和优秀分分别是多少。然后问他，78分、100分、110分的成绩时，喜欢哪一个。他说："当然是110分！"我又问："期中考试就在眼前，想不想拿到自己喜欢的分数？""想，可是我……"他支支吾吾地看着我。人是有惰性的，如果没有外力拉一把、逼一下的话，懒散是会成习惯的。开学初的小安是有新变化的，虽然是出于新鲜感，但这也是一个教育契机啊。我让他自己挑选一门功课，所选功课需要是在近期突击一下有希望达成目标的。他选择了数学和政治，他说他不喜欢背书，数学是有规律的，而政治考试是开卷的。我暗中请数学老师和政治老师在辅导复习时，对小安多加点拨。

期中考试成绩出来了，数学总分130分，小安考了114分；卷面总分50分的政治他考了43分，这两门他自己选定的学科考的还是不错的。他很开心，并定下了更大的目标，想要得到一路努力获得如愿结果的成功体验。人逢喜事精神爽，小安对其他学习任务的态度也不再那么消极了。

学习是需要费脑力和心力的事，是一个漫长的过程。对于小安来说，引导他获得仅有一次的成功体验是不够的，重要的是要让他远离借口。我还得下功夫，接下来，我和任课老师联手，采用"自选+"的策略（小安自己选任务，老师再加一点任务相结合），一步步把小安引上了正轨，让他忘记了"我脚痛，所以……"的借口。教育的艰难，难在学生不上进时，你得变着法子带他往前走；难在教育的万花筒里，方法有很多，但你不知道哪一种方法最适合他。小安是我班主任工作中遇到的又一个难题，挠人心又让你不甘心。在剩余的两学年时间里，不知道他还会有怎样的变化。

止步校园还是陪伴一生

那天，学校超市负责人小陈打电话给我，说在超市的监控视频里发现有学生偷东西，让我去看一看。

我到的时候，小陈指着调好的监控说："中午进超市的学生特别多，我俩忙着做生意，也没有注意，下午结账后，无意中看了监控才发现的。"监控视频显示，那个学生这个星期已经连续三次"作案"了。

午休后，超市里的学生没那么多了，这个穿着中长款棉衣的男生，侧着身从货架上拿了一件东西塞进了衣服里，然后在货架之间转了几圈后走出了超市。

在确定不是我班学生后，我把截图发到班主任群，请大家认一认，也嘱咐大家不要声张。不一会儿，叶老师来说这是她班里的学生小A。她气愤地说："平时看着不声不响的，没有想到他会做出这样的事情来。"商量到最后，叶老师说由她把家长请到学校处理赔偿事宜。小A由她单独教育，其他事暂时不声张。

当小A妈妈看到监控视频中的画面时，一下子跳了起来，大声说："这孩子，怎么会做这样的事，我们每天给的零花钱不少了呀。"我们告诉她，发生在孩子身上的事，可大可小，但做父母的心里要有底，用合适的方式告诉孩子什么该做什么不该做。家里多说教，麻烦会少很多。最后她妈妈赔偿了超市的损失，对小A的教育也在悄然进行着。

第二天跑操时，叶老师悄悄让我认了认小A，他看起来好像什么事也没有发生的样子。叶老师说："昨天已经和他私聊了，也请他写下了保证书。"然后叶老师叹了口气说："唉，这个孩子沉迷网络游戏，家长宠得不得了。其他学生反映，他积攒起来的钱都用在玩游戏上了，我已经提醒过家长很多次了，可家长说不让孩子用电脑太残忍了。"

　　在叶老师的悉心关注和呵护下，小A安然毕业，进了一所中专学校。

　　去年7月，管理区的领导来学校办理社区应征入伍青年的政审事务。我看到表格上有小A的名字，就说："这个学生由我来写评语吧。"那位领导说："哦，小A啊，他第一关就筛掉了，他在派出所有案底，你们老师不知道吗？他在初三最后一学期的暑假里，在网吧里偷东西，人家报警了。"

　　听到这话，我很唏嘘，也感到肩上责任重大。教育学生，很多班主任的管理方式除了"盯、关、跟、说"，还真缺少了点直指学生内心的有效策略。面对视野越来越开阔的初中学生，这样的教育方式无疑只能累了自己、烦了学生的作茧自缚。此外，学校在施教过程中，缺乏有效的预警机制。教育学生不偷窃是对的，但一旦学生做了错事怎么办？有些事口头批评其实是没有一点效果的。偷窃是可耻的，但有的学生不以为耻，有的学生还把它当作"本事"在显摆。所以教育需要温和，也要与时俱进，该管的时候，还是要有严管的措施。最后，我认为家庭教育的缺失和乏力也是导致学生养成这类恶习的原因之一。有些父母养育孩子的方式仅仅停留在满足其物质需要的宠物式教养模式，没有在"培养"二字上有所行动。

多想陪你展翅飞

　　"全班45位学生，就数小杰最离谱，一周正常上学坚持不了三天。"英语老师用手指着班级学生名单使劲戳着小杰的名字对我说。这是开学前英语老师询问班级情况时的一幕，那是我接的班级。

　　英语老师嘴里的小杰，身体结实，有着白皙的皮肤和机灵的大眼睛，脸上总挂着和善的笑容，如果不是其他老师介绍，我也没觉得他和其他孩子两样。

　　开学第三周，上午第一节上课了，小杰还没有来。我打电话给他爸爸，他爸爸在电话那头爽快地说："好，我马上去他外婆家喊他。"第二节课上课途中，小杰斜背着书包走进了班级，他说自己睡过头了，并且早饭还没吃。从那天起，我便有了在抽屉里塞饼干糖果的习惯。那一天他是在昏睡中上完剩余的课的。

　　在和小杰的闲聊中，我也逐渐了解了他日常生活的样子。妈妈早上6点多去乡下的工地干活，晚上7点才回家。外婆一大早就出门听保健品知识讲座。爸爸已经再婚，又有了一个儿子。爸爸家他是不去的，因为那里没有他的位置。但他没钱花时会找爸爸要。晚上，他守着电脑帮别人升级游戏，也能赚些零花钱。我常对他说，要是生活上有什么难处，一定记得告诉我，我会尽我所能提供帮助。小杰只是笑着点点头。

　　国庆节过后，小杰隔三岔五地出现英语老师之前说的情况了。

　　第二次给他爸爸打电话时，他爸爸说根本喊不动他，是从床上把他拖起来的。第三次打电话给他爸爸时，他爸爸说他已经进不了那个门了。第四次打电话给他爸爸时，他爸爸说自己在外地。第N次打电话给他爸爸的时候，传入我耳中的是"您拨打的电话暂时无人接听"。

我不甘心，找到了小杰所在小区的居委会。那里的工作人员知道小杰的家庭情况，但是没有一个人指点我该怎么做才能找到这个孩子并帮到他。我只能借着小杰来上学的日子，动之以情、晓之以理地找他谈心，给他零食吃，希望能柔软地劝他坚持完成初三的学习任务。

冬天，小杰有时候会连着一个星期不来上学，但只要他来了，我就会请他到我家里洗个澡吃个饭。他总是笑着拒绝，还拒收了我帮他买的一打袜子。

第一次模拟考试结束后，职业学校的提前招生开始了。小杰说他想上个烹饪班，因为爸爸是厨师，以后可以跟着爸爸干。学校组织的模拟面试小杰一次也没有参加，自然也就没有考上。

好在还有一次补录取的机会，这可不能再让他错过了。带着这样的想法，我亲自盯着他在我的办公室做模拟面试的训练一次又一次，被我批评了，他也只是笑笑。终于考过了，五月中旬他就可以去职业学校报到学习了，我终于为他舒了一口气。

中考前一周，我突然接到教务处的通知，要我必须通知小杰到学校参加中考。原来，小杰确实到职业学校报到了，也在那里学习了，但是一个星期后他自己申请了退学。

我的安排没有一样是小杰自己想要的，我的努力没有一次得到过家长的配合，我甚至没有见过小杰的父母。我一厢情愿为小杰做的那些事，他父母是不知道的。换句话说，我把劲儿使在了次要处。现在回想起来，我的好心都是我自己认为的好心，我帮他设定的"将来"，小杰没有一点感觉。他的成长少了家庭的协同培养，每天过得稀里糊涂的。虽然我非常清楚家庭教育对小杰的成长是多么重要，但我没有办法找到他的父母并说服他们要多为小杰的将来费点心思、做点努力。

两个被赶着往前走的"厌学者"

新接的班级就是不让人省心，其实不让人省心的也就是少数几个"顽固分子"。

周周一点也不怕我这个新班主任。上学期开学第一天，下课时他走上讲台对我说："老师，我要把座位换到最后面。""为什么？"我问。他说："后面比较安全，我以前也一直是坐在后面的。"我对他说："现在改朝换代了，你不必坐到后面，因为接下来，你会发现坐在后面是极其不安全的。"他咬着舌头看了我一眼，回到座位上，与邻座的小翼挤眉弄眼的。

这些我都看在眼里，回到办公室，我把小学生毕业登记表上这两人的所有情况又狠狠地记了一回。

第一周，周周上课的时候，课桌上什么也没有；小翼课桌上倒是堆着书和本子，还有一些皱巴巴的纸，但他少有抬头的时候。请他回答问题时，他会也不开口，不会也不开口。两人的行为很令人恼火。当问及原因时，两人说："我们不想读书呀。"我装作好奇地问："那你们心里的想法，父母知道吗？"他俩异口同声地说："知道的呀，也跟他们说了呀。"俩人还居然说："老师，你能不能劝劝我妈，对她说，不要让我来读书了。"后来又说："只要不做作业，就可以接受在学校的日子了。"

哦，我明白了，他们的厌学不是不愿意到学校来，用他们的话说，学校里人多、热闹挺好的，但他们讨厌写作业。相信很多学生口中的所谓厌学就是这种情况了。

在接下来的日子里，我在"每日一记"里和他们聊游戏，因为他们已经迷上了游戏；我也和他们聊历史知识，因为历史人物的故事他们能听懂，也有感受。我也为周周清楚的字迹、干净的仪表点赞，为小翼及时倒垃圾、为班级卫生做出贡献而在班会课上反复表扬他。渐渐地，他们开始和我主动讲话了。于是，我让周周每天发家校联系本。这个任务刚开始执行的时候，我要天天喊一遍："周周，把家校联系本发下去哦。"现在，他每天到校后，都盯着我批阅好的家校联系本，然后迅速把它们发下去。课间，我会和周周有一句没一句地聊天，聊他是不是瘦了点；聊他穿得少了点，要注意身体。有些时候，我会帮他翻好衣服的领子或后面的帽子。小翼住在乡下，所以要拼车（面包车）上下学。每天放学后，我会准备好一袋面包给他。开始的时候，他会拿着面包吃。后来，他说自己书包里有吃的。那时我会对他说："小翼，路上注意安全哦，晚上早点睡哦。"

半个学期后，他俩不再呆坐，也不再和我说不想读书的话了。

于是，我和他们认真地谈了一次话，请他们对照课程表，选出自己能学好的科目，自己能学优的科目，自己能尽力学一点的科目。他们把语文和历史选作自己能学优的科目，这倒是我没有想到的。选择历史还可以理解，但一般男生不喜欢学语文，尤其是曾经厌恶学习的学生。那时，我又一次感受到了"亲其师，信其道"的魅力。

有了目标，一切都好办了。

在我的语文课上，简单的题目我请他们回答；作业讲评时，简单的题目我也请他们回答。这学期初三新课和古诗文复习默写同时进行。课间，我说的最多的话是："小翼，你看周周今天的古诗默写全对了，估计累计快要满五次了，和我合影的机会有把握了。"（每周语文古诗文默写全部满分，有机会和任课老师合影。）小翼不说话，但第二天，他也会是满分。每天两首古诗默写，对于很多同学来说是容易的，他俩可能要天天重默了。而一旦天天有重默，本来使的劲也会逐渐泄掉，况且周周作业订正还是很不情愿做呢。我可不想前功尽弃！有时周周不想再重默，我便请他上黑板重默，那样他倒是很愿意的。现在，他重默前，会主动和我说："老师，我去糟蹋黑板了。"此时小翼或者拿着100分的本子晃，或者抓着本子使劲地写，他在赶速度！

学生厌学，可能厌的是老师，可能厌的是作业，那么做班主任的，就要避开灌输学习讲道理的做法，做个有心人，打开学生的心门，唤醒他们向上的本能。学生的心靠向老师了，即使进步得慢一点，又有什么要紧的呢？

牛排打败了能量公式

开学才两周，在周五的作文课上，上午还听得乐滋滋的小邵，下午修改誊写时居然呆坐了一节课。我以为他还在构思、酝酿，可意外的是，他今天的"每日一记"竟也没有交。要知道，之前他写"每日一记"是最积极的！他在"每日一记"里可以用三面的作文纸，谈理想、谈人生，评恶习、评他人。

我请他放学后和我聊聊。

等其他同学走后，他说："老师，近期我出现了不好的想法，这种情况在初二的时候也有过。现在我自己也很着急，但是，就是不知道该怎么办。"听他这么说，我既好奇又觉得有点好笑。看他一本正经的样子，我问："很想听你说说，到底是个什么情况？"他拿出笔和本子，开始写了起来。他是这么写的：力量$=n(a+b+c)*$？他解释说："n代表意志坚定，a代表思想，b代表生理机能和能力，c代表情感，？代表客观因素。现在我的大脑里有两个我，一个是好的、力量很足的；一个是不好的，总是想着学习太辛苦了，我为什么不可以像别人那样玩耍，沉迷游戏，甚至谈点恋爱。"小邵是一个自我管理能力不错的孩子，我甚至觉得他有点刻板机械。他在"每日一记"里只有议论，没有叙事，没有描写。为了这事，我没少和他父亲沟通，希望他爸爸能发挥作用，多做点具体的事，带孩子多感受生活。

现在他这么说，估计是学习压力牵出了内心的惰性了，但他是要面子的孩子。不管怎样，他说出来了，就是在向我求助了。他说："老师，我也知道这些想法不好，但不知道用什么办法打败那个不好的我。"我问他："你想办法了吗？"他有点丧气地说："你看，公式里的a、b、c、n我都正常，但是我的力量就是消退，我也不知道该用什么办法才可以让我的力量保持正面。"

小邵的公式看似有道理，但他忽略了一个重要的因素，那就是人自己！

生活经验告诉我们，一个人做同样的工作，每一天的专注力、意志力是不一样的。它可能会受情绪、健康、外界等因素的干扰。但是如果充分发挥人的非智力因素，那么效率会提高很多。我把这些分析给小邵听，他说自己有点明白了。

我也和他围绕"改变客观因素"想了一些办法，但只要是我想的办法，都被他以试过了或坚持不了而否定了。看来，想让他自己把一些消极情绪消除掉是有难度的。

下班后，我和他父亲做了电话交流。他父亲也说，小邵近期家庭作业不主动完成了，催他他嫌烦，也不知道该用什么办法帮孩子收收心思。当说到餐桌上也可以和孩子交流时，他爸爸说，孩子喜欢吃牛排，但他不会做，孩子也好久没有吃了。那一刻，我突然明白为什么家长们把第一堂家长课的主题定为《品味生活》了。在那堂课上，全班没有一个孩子是不开心的。

于是，我建议小邵爸爸利用双休日，带小邵下下馆子、吃吃牛排，因为孩子不是读书的机器，他们也需要享受生活。

星期一的"每日一记"，小邵第一次写了一件事——爸爸学做牛排。字里行间尽是对爸爸的赞美和大吃牛排的畅快。牛排打败了能量公式！

细细关注孩子的心理，你会发现，他们为自己寻找消极表现的理由是很在行的。孩子的这种情形是很考验老师和家长的耐心和智商的。一不小心，大人们会因生气而训斥；一不小心大人们会因吼不住而败下阵来，并因此而放任其不管。魏书生老师认为，古往今来，你想让别人做事情，首先要让他心里舒坦。学生的问题是各种各样的，对待这些问题的方法也是如此。在一些特定的情境里，教师不能逼着学生学习，而是要想办法让学生心里舒坦。学生心里舒坦了，他自己就会想学，对于父母、老师提出的要求也能认可。现在看来，这应该是教育中的一个常识。

把羡慕装进心里

"百名家长进课堂"教学开放日那一天，文文妈妈从上午第二节课开始就坐在教室里，下午也连续听了三节课。

下午第三节是我的语文课，课上，我讲的是邹韬奋先生的《我的母亲》。不知道为什么，一堂课上，文文妈妈坐在教室后排，一直在不停地抹眼泪。

下课后，她拉住我，泪流满面地说："蒋老师，这段时间，小文在家里一直和我吵，她嫌我穷，说我连个手机也不买给她。她已经好几次问我要三万元了（三万元钱是失地农民的补助金，只要户口在的，按人头算，每人三万元），让我把属于她的三万元给她，让她自己管理这笔钱。蒋老师，这孩子怎么这样了呢？以前她的学习是不太好，可也不是这样的呀？"

看着文文妈妈伤心的样子，听她诉说着文文在家里说的话，我明白了。怪不得这段时间文文穿的衣服这么没有正形，"每日一记"里都是描写幻想成为大款后的华丽生活。唉，还好，她还能写出来！

很多这个年龄的女孩，开始对自己以外的人和事有了自己的认知和感触，不由自主地幻想自己也能拥有别人拥有的那些美好的、高档的东西。

想想我自己不也是这么过来的吗？初中的时候，想象着能穿上同学的那些漂亮衣服，戴上色彩多样的蝴蝶结，拥有他们那样文具盒（那是他们的爸爸从苏州或者上海买回来的）。我也记得父亲或许是看出了我的心思，曾不止一次地对我说，别人的好东西，羡慕没有错，但要把羡慕放在心里，那也是你要努力的目标。

文文羡慕别人拥有的，可是她的羡慕却伤了妈妈的心。如果一个人的梦想让自己不开心了，让身边的亲人难受了，这样的梦想就成了瞎想。

"早上，我们为她准备的早饭，她不吃；她爸爸要送她，她总是让她爸爸在不到校门的时候就下车。这段时间，她爸爸也沉默起来了。"文文妈妈继续说道。而我却已经在想该怎样把开始爆发"攀比病"的文文追回来了。

班会课上，我告诉同学们，世界上每个人的家庭出身、个人喜好、学习能力和日后赚钱能力都是不一样的，但是人人都希望自己能过上幸福快乐的生活，所以会羡慕别人拥有的。这是很正常的心理，但要把羡慕的种子放在心里，自己朝着这些目标悄悄努力，将来终有一天，你也会拥有现在所羡慕的一切。

文文坐在下面，低着头。我想光说不行啊，还得做点事情。那一届学生的春秋季校服是两套不同款式的，我发出通知，要求学生每天穿校服上学。这个通知一发出，大多数家长很欢迎。有的家长甚至说，要是有冬季校服就更好了。

在学校，穿衣是不能比了，但是文文心里还会想手机。看来，事情不做到孩子的心里，孩子是不会有感触的；没有触动，你说再多的道理都没有用。

在之后的家访后，文文妈妈听从我的建议，遇到节假日，有时候一家三口就在外面吃顿饭；在文文生日的时候，让文文请一些要好的同学在家里一起过。文文妈妈第N次来学校找我时，她开心地告诉我，文文在家里情绪大乱的情形很久没有出现过了。

既然有了一点效果，那么看来文文真的只是羡慕。如果文文能从心底看到父母的付出，以及自己努力的方向，那是不是会更有效呢？

借学校心理健康教育宣传月，我邀请专职心理老师为班级学生做了一次团辅课。那堂课上，在"我的生命线"这个环节，孩子们画着自己生命中快乐的事情和失败的事情，小组交流时更是感人，真的是有什么说什么。文文说着说着就流泪了。最后她说："听着其他伙伴的故事，我突然觉得原来爸爸、妈妈并不亏欠我什么。我想要的东西，其实就是我心里要努力的那个方向和目标。"

攀比，是青春年少之人的正常心理，但班主任还是要采取一些方法，干预学生中的攀比现象，引导学生把羡慕装进心里，让它成为一块吸铁石，吸引学生朝着目标努力。

我要使出"洪荒之力"了

新接了初三的一个班级！一切都既熟悉又陌生。

我根据班级学生的小学生毕业登记表，参照数学老师按照名单顺序写的学生介绍，用心记着他们的姓名和照片，想象着和这些大孩子初次见面的情形。

8月31日是报名的日子，那天我要送孩子上学，因怕耽误时间，就预先在家长群里发布了招募志愿者的消息，有3位从未谋面的家长自告奋勇地表示可以为班级做点事情。

他们按照我之前布置的事项，为学生排好了座位，搞好了卫生。当我赶到班级时，他们正在发放新书和簿册呢！

孩子们也很听话地整理书本、簿册。教室里满是新学期的热闹和新鲜。

"我的座位呢？"我背后突然响起了一个不耐烦的声音。转身一看，一位男生，双手插在裤袋里，双脚轻微地在地面上做原地交换，整个身体有了左右摇摆的动感。他人不高但是背稍有点弯，尤其是颈脖给人僵硬之感；头戴鸭舌帽，鸭舌在脑后。"我的座位呢？"他提高了声音又说了一遍，我说："你自己看一下，全班40位同学，没有人坐的那个就是你的啦。"我忙着要把剩余的书发掉，没有多想就继续发书。"没有呀！"这一次他的声音又高了不少。我看了他一眼，只见他用眼白瞄着我。我反应过来了，这就是数学老师向我重点介绍的周同学。

"不可能呀，昨天我预先点了，就是40套课桌椅呀，怎么会少了呢？"我心里这么想，但深知祸从口出。对生气的孩子不做所谓的正面教育是我给自己定的规矩。生气的孩子，老师说再多，再入情入理，其效果还不如让他自己静静地发泄那股气。

我立马问："同学们，除了发书的同学，有没有不在座位的？"大家说："老师不要问了，第四个座位就是空着的，只是堆满了书而已。""好吧，你先在那个位子坐下来，好吗？"他又白了我一眼，说："我不高兴坐在那里，我要坐后面，我要换座位。""你先坐下来，一会儿再调整座位，好吗？"他还是跟在我后面，要求换座位。我忍不住问了一句："你今天到这里来是要做什么的？""不知道！"明显是在无理取闹！

上午学生大会结束后，周同学连个人影也不见了。

是什么原因让一个十几岁的孩子在开学第一天就这样怒气冲冲的？想到数学老师说过小周同学的家庭教育是失控的，以前曾为了手机离家出走过，我有点紧张。中途接这个班级，对学生的情况一时半会儿不可能完全了解透彻，若什么时候说了一句小周同学不喜欢的话，他也上演离家出走的戏码，那我就得吃不了兜着走了。

我拿起电话联系他妈妈。其实，我想了解两个情况：一是今天到学校之前，家里有没有发生让小周同学不开心的事情。二是小周同学有没有什么忌讳，或者他头上有没有长什么东西，或者近期是不是剪了他不满意的发型。因为他在会场时，双手一直在护着那顶帽子。

他妈妈否定了这两个情况。她在电话那头对我说，小孩喜欢戴帽子就让他戴着吧。谈到孩子要把座位换到后排的时候，我顺便问了一句："小孩是不是喜欢上网打游戏？"他妈妈说："是的，但是我们也没有办法，家里还有一个小的，我们没时间盯着他。不给他手机玩，双休日要是到外面的网吧里去，就更容易出事，还是让他在家里玩比较安全。"最后，她说，孩子愿意坐在后排就让他坐在后排吧。

一个问题学生后面有一个问题家庭（家长）——从来没有遇到过像这样的母亲！家庭教育缺失，对孩子的教育太放任，会让他养成影响其一生的坏习惯，而带给老师的则是无形的压力。那一刻，我真想对她说："我能做他十个

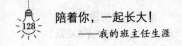

月的班主任，而你才是他永远的母亲啊。"

　　第二天早上走进教室，我发现小周没有戴帽子，但已经趴在座位上睡着了。他旁边的同学说，估计他昨天玩游戏玩得很晚。

　　看来，在接下来的一学年里，我对小周同学真的要使出"洪荒之力"了！

小雅，小雅，请跟我来（一）

　　初一新生入学教育进行了四天，其间有很多需要合作完成的活动，大多数孩子在这四天已互相熟识了，但小雅是一个例外。她不说话，整天面无表情，用其他孩子的话说就是"高冷""拒人于千里之外"。我想内向的孩子慢熟一点也属正常，可是事情没有我想的那么简单。

　　开学第二周，小雅一早到校就瞌睡；每个星期一，家庭作业不是没带就是空白；英语默写用小抄。我多次打电话、发短信请家长关注小雅晚上的睡眠，但是收不到家长的积极回应。有一天，小雅上课瞌睡时跌到了地上，在接到我的电话后，她妈妈像做出了重大决定似的，说要到学校和我当面说说小雅的事。

　　小雅9岁从老家来到这里和父母一起生活。妈妈说，因为愧疚，所以什么都依着她，但孩子就像跟他们有仇似的不给他们好脸色。后来孩子迷上了网络，迷上了穿衣打扮。父母也打过她也骂过她，天天吼，没有用。要她好好学习，可她发狠地说就是要玩手机，就是不想看见老师，还总是要死要活的。她在家里整天板着个脸，也不和父母说话，早上爸爸送她上学，但她没有喊过一声"爸爸"，为这，孩子爸爸伤心地哭过。

　　听着妈妈的叙述，我也唏嘘起来。明明父母就在身边，可就是走不进孩子的心。

　　之前接触过小萱，我知道小雅现在的情况和小萱是相似的。他们表面看是在和父母对着干，其根源是小时候的分离导致亲情的情感纽带断裂了。年幼时和父母分离，9岁时又和相依为命的外婆分离，分离给小雅造成了叠加性的心理创伤，情感纽带一旦断裂是难以修复的。对于小雅来说，在情感上父母如同熟悉的陌生人，所以，当父母干涉她甚至用打骂阻止她做想做的事情时，她自然会爆发。听着我的分析，小雅妈妈不停地点头，不停地问有什么办法能让孩子先把学习的事重视起来。

我告诉她，现在首先要做的就是保证小雅有充足的睡眠。以我的经验，初中女孩如果上QQ到欲罢不能，一定是加了几十个甚至上百个QQ群。我请她关注一下小雅加的QQ群。当天晚上，她在电话里告诉我，小雅加了近百个QQ群，她花了一个小时都没有删完。

在小雅妈妈再次问我有什么办法能让孩子静心学习时，我邀请她跟我一起学习正面管教课程。第四次正面管教课程结束后，她对我说："蒋老师，做父母不容易，学习真的很重要，四次课学下来，我再也不敢打她了。"谁说不是呢，在孩子的教育问题上，家长的打骂大都是因为不得法或者想不出更好的办法。所以只有家长自己坚持学习，才能有力量教育好孩子。

接下来我要做的是找到能引发小雅自豪感的触发点。

九月底的校运会还有两天就要举行了，我们班入场仪式的道具还没有买。我对孩子们说："时间太紧了，网上购买已然来不及了，最快的办法就是到招商城的小商品市场买，但上班时间我是不能离开学校的，你们有什么好办法吗？"

一番七嘴八舌的议论后，小聪说："小雅家的店铺开在招商城，让爸爸代购一下嘛，就算为班级做好事啦。"我故作惊喜地问："真的吗，太好了。小雅，问问你爸爸愿意不愿意啊，谢谢你啦。"她抿着嘴说："应该可以的，我来问问他吧。"晚上，小雅妈妈打电话给我："老师，今天放学回家，小雅朝她爸爸笑了。我老公说，今后班级里买啥都交给他办。"

后来，班级里的"优秀袋"、花架、中国地图等都是小雅爸爸帮忙买的。每天浇花、整理"优秀袋"的时候，我都会说："看呀，这些都是小雅爸爸帮我们买的，让我们省了好多心啊。"小雅也有幸成了一周颁奖仪式上的颁奖人，虽然我没有看见她笑，但上课的瞌睡倒是真的没再出现过。

孩子学习态度起伏背后都是有原因的，只有找到原因，对症下"药"，才能使教育措施行之有效。目前，小雅的手机被妈妈管住了，爸爸为班级做的那些事为她争得了面子。有了面子，小雅心情好了，教育自然水到渠成。但要真正把一个学生拉上正轨还是需要时间的，小雅表现出来的是不爱学习、上课打瞌睡，其实背后的原因是很复杂的。稍不留神，一句话、一个眼神都有可能让我对她的帮助前功尽弃。

小雅，小雅，请跟我来（二）

母爱是无私伟大的，可惜小雅屏蔽了妈妈的爱，接收到了妈妈的唠叨、哭泣……

期中考试后，小雅又开始瞌睡了！瞌睡时间也越来越长了。

12月7日傍晚，苏州下起了2018年的第一场雪，而我正在去小雅家的路上。

两天前的早上，小雅妈妈赶到学校告诉我，小雅凌晨三点还在被窝里玩手机，母女俩争执到天亮。她一边把小雅早上留在书桌上的字条给我看，一边嘱咐我不要外传。小雅在字条上写了很多，最后一句是"不想上学，手机是我自己买的，16楼……"。小雅妈妈说："以前只要被我们发现她做了错事，她也这样威胁我们。"我看到她的脸上写满了难过和担忧。是啊，这个年纪的孩子，特别容易冲动。我劝她冷静，嘱咐她孩子回家后，要和孩子好好说话，在学校里，我也会多关注小雅的。

那天下午，小雅妈妈打来电话问孩子在学校表现得怎么样。

第二天中午，小雅妈妈又打来电话问孩子今天在学校的表现。其实，第二天小雅的表现出奇得好。小雅妈妈说昨天她越想越气不过，孩子放学回家后，她忍不住问孩子字条上写的是什么意思。一番争执后，她拉着小雅就要从楼上跳下去，当时她自己的半个身子已经挤出阳台了。小雅或许是被吓坏了，叫着喊爸爸，叫着求饶说再也不敢了。"老师，我身患绝症，不知道是哪一天的事了，我什么都给她安排好了，就是怕她以后受委屈，只要她好好学习，今后都是顺理成章的事了，可她……"她妈妈在电话那头哽咽着说。

虽然小雅那一天表现得特别积极，但她妈妈的举动很过激，要是弄假成真了呢？我反对她这样做，可是我无法体会这位身患绝症的母亲那种焦虑和无助的心情。

今天，我想实地看看小雅的生活环境，还想配合她妈妈，让小雅也听听妈妈的心声。

在她家门口，小雅笑着向我问好，还给我准备了要换的拖鞋。当我把一箱饼干递给她时，她还跟我客气了一会儿。小雅在为我端出一杯现磨的营养豆浆时，脸上始终是微笑着的，这是以前我没有看到过的。我忍不住说："小雅，你笑起来很好看，今后要多笑哦。"

我假装什么也不知道，直截了当地说，最近发现小雅课上瞌睡得厉害，撇开学习，在孩子长身体的年龄，睡眠少了会影响生长发育的。爸爸妈妈一定要用点心，不要总逼着孩子学习。即使孩子要玩手机，只要控制好时间也无妨。一句话，要保证孩子睡眠的时间和质量。小雅说，她有一个平板电脑，但不怎么用。妈妈说，小学时有的作业要用网络才能看，她怕自己忙厂里的事忘记告诉孩子，就买了平板让孩子自己做作业，没想到孩子会迷上游戏，手机也没收不了。这不，昨天还在用手机呢。小雅立马说："手机你收着吧，反正我也不用了。"

我讲的第二件事是穿校服。我们的学生每天都是要穿校服上学的，但小雅没有一天是穿着校服上学的。小雅说："校服小了穿不下。"是啊，小雅长得很快，半个学期是长高了不少。她妈妈急忙说："那是我的不对，我没有想到要去买大一号的校服。"

第三件事是小雅在班集体中的表现太冷漠了，可能心里有事。我请她爸爸妈妈一定要爱护孩子，少用命令式的口吻和孩子交流。她妈妈表示，自己做得确实不够好，心里一着急和孩子说话就没有好气。她爸爸在一旁说："她早上要我送她上学，但只会敲门不喊爸爸，有时候我故意装作没听见。"我笑着问小雅："这人是谁呀？"小雅笑着说："爸爸呀。"我们都笑了。

小雅妈妈说，自己16岁出来打工，从不会做缝纫到拥有自己的服装工厂，一路打拼下来就是想给孩子攒下点家业，让她今后少吃点苦。当年，为了创业把年幼的小雅留在了老家，现在孩子在身边了，就想给她最好的教育，希望她将来做个有文化、对社会有用的人。小雅妈妈还说，她自己没怎么读过书，也吃过读书少的亏……说到动情处，夫妻俩的眼睛都红了，小雅抱着妹妹也在静静地听着。

　　人和人的交流是需要倾听的。那个下雪的夜晚，小雅一家人的心里是温暖的，心结说开了，亲情也就融洽了。在学校里，小雅的脸上有了笑容，她主动要求担任组长，主动要求参加生训活动，主动在周六到学校完成小组板报的布置工作。她的声音很好听，课上我把朗诵的机会留给她。暑假刚结束，她让妈妈找我，请我帮忙给她找个训练语音诵读的培训班，最后她如愿了。虽然她身上还有很多不足，比如成绩还是会令妈妈担忧，但我知道，这个女孩正在前所未有的希望之路上大踏步地往前走。

第五辑

陪伴·鞭策

——助力成长之路

5

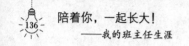

陪你跨过孤独这座桥

小楠没有参加分班考试，也没有参加军训，开学第一天才报到。

他戴着时髦的黑框眼镜，衣着得体又时尚，沉默寡言，一看就是个不惹事的孩子。让我苦恼的是，他上课总低着个头，好像在听课，但又什么都没有记。每次找他谈话，他的态度极好，但从不改正。

每天都能收到任课老师们的"状子"，我也不厌其烦地给他妈妈发出"要督促、要说教"的短信，他妈妈也每次都向我表示歉意。

一次偶然的机会，我才知道小楠是和再婚的妈妈生活在一起的。小楠在家里很少说话……

期中秋游，我们去了苏州乐园。在进入游乐区的时候，我听到小楠大声地说："那个火箭我爸爸带我来玩过的，是我亲爸爸！"那一刻，我有点心酸。

一、封闭内心的原因

像小楠这样的学生，在我们身边还有不少，那么他们封闭自己内心的原因到底有哪些呢？

1. 性格使然

有的学生天生内向、慢熟，不喜欢和不亲近的人主动交流，也不喜欢和老师套近乎。在外人看来，他们不容易沟通。

2. 家长威胁

很多孩子在进入学校后，家长在孩子不听话、学习不努力时，说得最多的是"我告诉你们老师、这是你们老师要求做的……"，这样便在小孩心里刻下了"老师不是善茬"的烙印。还有些家长会对他们强化"外面坏人很多"的意识，导致孩子对家门以外的环境产生惧怕感。

3. 亲情淡薄

有些父母经常当着孩子的面大吵大闹，给孩子心理上造成不安全感，这种家庭出来的孩子要么胆小，要么冷漠，不太信任自己以外的人。

4. 老师批评

有的老师自以为是地扛着"我是为你好"的旗帜，却每次都是尖刻的批评、严厉的注视，这些都会给学生造成心理伤害，最终导致有的学生不愿意敞开心扉，甚至怨恨老师。

5. 成长受挫

有的学生本来很会和人交流，但随着学业负担的增加，又常常听到家长和老师嫌弃的话语，当这样的否定积累到一定程度时，孩子就会封闭自己的心。

二、解决孤独的方法

1. 融洽感情

小楠每天要留下来做英语重默。秋游后，我在教室里不再只是看着他重默，而是时不时给他带些小点心和他一起吃，而且几乎不问"默好了没有"这样的问题。小楠喜欢唱歌，乐感很好，有时，我就在教室里跳一跳我新学的舞蹈，请他提提意见，那时他会开心地笑，渐渐地他和我有话说了。

2. 降低要求

后来，我把他的座位换到了小甜旁边。小甜是个女生，乖巧懂事，不知道为什么，小楠很愿意和她说话。小楠不喜欢学习，那就给他降低要求吧！他自己选择了语文和历史学科，但他很乐意我每天陪着他默写十个英语单词。

3. 家校联手

也许看出了我的用心，她妈妈成了班级家长课堂的志愿者。后来她妈妈站到了讲台上，讲述她的人生经历，中间不知想到了什么，她流泪了。那天，小楠的十个单词默得极快。再后来，他妈妈带着小儿子来接他放学，小楠总会笑着抱起弟弟一起回家。

每一个"特殊孩子"背后都有自己的故事，他们的"异常"很多是由于缺乏必要的心理营养，那么老师就要当好"重要他人"，用语言、神态、行动等传递对学生的接纳、赞赏和关爱，帮助他们找到生活的方向和成长的动力。如果能在我们的能力范围内给予他们营养，那么，迟开的花也一样会绽放。

文字是很好的交流载体，为了走近这样的学生，也为了不让他们感觉到自己被特殊化了，我会用"每日一记"的形式和他们进行书面交流。我规定学生每天写下不少于50个字的内容，我则在每一个学生心里话的后面写下我的留言，有安慰疏导，有鼓励点赞，有幽默打趣。这种书面交流融洽了师生感情，更让我看见了学生内心的喜怒哀乐。

"每日一记"小贴士：

及时阅读，写下留言。
当天发还，注意保密。
疏导为主，不做评判。

此外，我还开设了"心灵驿站"。腾出办公室一个角落，搬两把椅子、一张桌子，搬盆绿植，准备了餐巾纸、小点心，贴好"心灵之约"的名称。我在班级公布一周任何一天放学后，大家都可以找老师聊聊天、说说话，但每天只有三个名额，所以要预约。学生很愿意和我在这样一个角落里聊天。

"心灵驿站"小贴士：

布置空间不管大小，要有安静的氛围。
一周名额不能太多，要定预约的规则。
话题要直指心里，保密原则先告知。
发现问题及时记，处理机制要紧跟。

陪你跨过偏科那道坎

每次家长会上，小邱都能被任课老师举出许多有着完全相反两面性的例子。数学老师大赞他思维敏捷且好学上进，英语老师会说："你们想想看，像小邱这样的孩子，只钻一门数学，总分还是不高，今后读什么学校才能不委屈他的好脑筋呢？"是啊，严重偏科对他自己一点好处也没有，我该想点什么办法帮帮他呢？

一、在陪伴里观察偏科原因

小邱对数学学科无疑是喜欢甚至是入迷的。130分的数学试卷多则满分，少则一百二十六七分；每天超前完成数学作业后，会拿出自备的提优试卷刷题，在别人那里可能是件痛苦的事，他却沉浸其中。他埋头演算数学题的专注令老师赞叹，也让其他同学望洋兴叹。

这个数学很好的孩子，对英语学科却提不起一丝丝兴趣，用他自己的话说，就是"英语是他的死对头，他学了很多年英语，却好像是从来都没有学过"。英语默写，他天天重默。每天放学后，我都要陪着他重默。当教室里只剩下我和他两人时，他还是坐在座位上，盯着英语笔记或书本，艰难地挪动着嘴唇，一遍又一遍地读，然后一遍又一遍地默，几次三番，总是不能一气呵成地完成。就这样的状况，英语成绩可想而知了。

她妈妈希望他能考上市里最好的高中，但因为他严重偏科，所以他妈妈好几次恳请我无论如何督促他的儿子在英语学科上多花工夫，甚至还对我说："要是小孩不听话，不认真，该骂的只管骂，该打时只管打。"我心想："要是骂骂、打打就能让小邱学好英语，教育就不会有那么多艰难事了。"

他妈妈因小邱偏科拉低总分而着急，其实我也为他着急，一门功课会影响全局。

在陪着他做英语重默的日子里，我开始观察他偏科的原因。初冬某天放学前，当他说英语重默还没有完成时，我忍不住说了句："哎，我又要陪着小邱重默了哇。"其他孩子哈哈大笑起来，整理课桌的小邱也笑着说："老师，这是我心里的一个痛，你就不要提了嘛，我感觉英语就是我心里跨不过去的坎。"说实话，我喜欢小邱心里有事不藏起来，而是和老师自然交流的性格。我赶紧对他说："小邱啊，对不起啊，我不该埋怨啊。但是你好歹也是从小学一年级就开始学英语的，学了六年呢，咋还这么菜呢？"他说："老师，我也不知道是怎么回事，记语文历史，读几遍就记住了，英语就是记不住，也许要默的东西实在太多平时又不用吧！"原来他觉得英语学科的知识点很烦琐，平时用不到。我怎么帮他，才能让他在平时也能用上英语呢？

二、在21天法则里培养学习兴趣

我想起我读高中那会儿，背一些历史地名、事件、时间什么的，由于内容太多了，记不住，临近高考，六门学科的知识点都一起往大脑里塞，我无师自通地把他们编成了歌词，这样，每天晚饭后先高唱一遍，现在想来，效果还不错。于是我把这个方法教给了他。到底是个聪明的孩子，他把《阳光总在风雨后》的歌词换成英语单词来唱，惹得同学们都跟着学。我和英语老师说了这件事，她说："那就用这个法子让他试试看。"

我把"朝花夕拾杯中酒……"唱给他听时，他笑着把那些英语单词替换了进去，唱了起来！当我把"向前进，向前进……"教给他时，他又替换成英语单词。就这样，用这个方法记英语单词，我陪着他连续练习了三个星期，每天他都哈哈哈地笑着把默写内容唱完，然后再默写，我能感觉到他对英语学科的惧怕心理在逐渐消失。

面对大同小异的学习环节和知识点，如果学生感兴趣，自己又善于找乐趣还好；如果学生不感兴趣又不会自己想办法，听不进去、学不进去，那真是一件苦恼的事。但若把学习变成"玩"，在"玩"中学，那效果就不一样了。

三、在家校合作中寻找进步的力量

我相信21天法则，但我不相信21天后小邱会自觉自愿地坚持做这件事，怎么办呢？要让学生的学习热情保持下去，要让学生在一个个知识点面前靠意志力坚持，那真是需要非智力因素发挥作用的。

那时，我正在尝试家长课堂的做法。第一讲的主讲就是小邱的妈妈。那堂课上，邱妈妈用了精美的PPT给孩子们讲课。她讲课的流程和PPT上图片显示的环节是一致的。一堂课结束，她说："站好讲台不容易，我儿子更加不容易！"原来，PPT上所用的照片都是小邱拍摄的，而且还是小邱提醒她要怎么讲课，同学们才能听得明白、学得会的。

妈妈能上课，这给了小邱自豪感。从那天以后，小邱的英语重默总能在放学前完成了，也不需要我的陪伴。渐渐地，英语老师也会说："这孩子，到底聪明，一点拨就懂了。"

像小邱这样偏科的学生，往往不是智力问题，而是个人的喜好和经历过的失败，让他们习惯了在自己拿手的学科里面找成就感，找被肯定的甜滋味。而如果有一个好玩的法子，能让他们在薄弱学科上打个翻身仗，对他们来说将是一件幸事。对老师来说，陪着学生跨过学业上的一道道坎，是一件好玩且有成就感的事。如此，我们就试一试吧！

带你往前跨一步

这次班级文化建设评比的学生评委是由按要求根据学号从每个班挑选出的八位同学组成的。小雨就是其中一位。

星期五要把最后一份打分表交到年级部了，可就她没有检查、没有记录，也没有交。快放学的时候问她怎么回事，她突然呜呜咽咽地哭着说："我没有时间呀，我要写作业。"看着她那伤心欲绝的样子，我忍不住对她说："是呀，做这个事是要挤占掉一些作业时间的，可是已经允许你不做语文作业了。"她又说："我怕呀。"听她这么说，我很好奇地问："你怕什么呢？看其他同学怎么做，你也跟着怎么做嘛，有什么好怕的。""其他同学都有人陪着去的呀。"听她这么一说，想到平时她的样子，我真真实实地感觉到这是一个胆小的孩子，但不能由着她这么缩下去。我当场问小甜怎么回事。小甜说："大家都是利用课间时间，一个个班级检查，对照打分表下面的要求和提示打分的，就一会儿的事。"见找不到理由了，小雨又哭起来了。我很想知道到底是什么原因让她碰到抛头露脸的事就觉得为难，就会用哭来拒绝。我一定要到她家里去看看，到底是怎样的家庭养育了这么胆小的孩子。

周六晚上在她家门口我就听见她在大声指挥着爸爸什么，那样子看上去，她简直就是家里的老大！

她房间的书架上有很多书，按不同年龄排放着。看得出来，妈妈是个有心人，但她却没有想到孩子在与人合作交流上会出现困难。哭是她的撒手锏，以至于不少同学不喜欢和她交往，因此她也很少有相处亲近的同学。

爸爸说："从小她母亲就吓唬她外边有各种各样的坏人，孩子现在都不敢出门。"原来如此，原来是童年的阴影一直留在她心里。我想只要她能跨出第一步就会好很多，我自己就是这样过来的。小雨的妈妈说，自己也认识到错误了，所以特别关注孩子的情绪变化。

外边有各种坏人的印象已经留在了她的心里，但她画的人物画色彩却特别柔和。她喜欢歌剧，英语口语特别有洋味；她也养了一些小动物。对比家庭教育的宽松和民主，学校里有不少要求和规矩，她不适应也不能反抗，又打心眼里不愿意遵守，就只能"以泪洗面"了。

在她房间里，她很愿意和我说话。期间，我也问起她和同学相处的事，我甚至问起班级手机管理时，有值日同学要收她手机时她就是不肯交，就是哭的事。她笑着说："那个手机很旧了，拿出来怕被同学笑话。"这是一个多么不自信的孩子啊，这种不自信带来的结果就是用眼泪拒绝身边的人和事。当聊到评分表这件事的时候，她说，她怕自己被其他班级的同学当成怪物来看。

小雨的妈妈说，孩子自己说，因为打分表这件事，让她觉得很有压力。本来答应星期一把评分工作完成，今早又说还是不想做，怕其他班级的同学围观她。

我对她说："这件事让我感到很尴尬，因为只有我们班没有及时完成任务，但是，现在我听到了你的心里话，知道你不是故意的，你有你的担忧。"听到我这么说，她低着头也点了点头。我又说："这个任务是必须要完成的，但只能放在下周了，你觉得放在什么时候段去做这件事才不会太害怕？"她问："大课间跑操时，教室里几乎是没有人的，可是跑操怎么办？"我说同意她跑操请假。她说："那好吧，我星期一大课间去查一下，打个分。"

我刚回到家，小雨的妈妈就发来短信说："一次家访，解开了孩子的一个心结。孩子和我说，星期一一定要把那张评分表完成。"

小雨就是一个内向的孩子，可能和她小时候被妈妈管在身边多有恐吓有关。她确实不想和不熟悉的人有言语上的交流，她也不知道要说些什么，更不要说主动展示自己的绘画和英语诵读特长了。眼下要紧的是带她跨出第一步。

幸运的是，她妈妈很会抓这样的教育契机，她主动和我分析孩子的问题，寻找解决的办法。在我俩充分沟通、了解清楚问题根源的基础上，我借着小雨对我的信任，借助正面管教的理念，以倾听尊重的态度和她讨论发生的问题，也提出了解决问题的方法，结果也是有效的。像小雨这样缺乏自信的学生，怕这怕那，其实，他们要做的就是有人带着他们跨出第一步。

怎么批评才入心

对学生进行批评教育时,有的老师轻声细语,学生也乐意听从;有的老师十分严厉,学生却也对他尊敬有加;相反,有的老师训斥不断,到头来学生还是不买账,该捣乱的还是会捣乱。可见,批评方式不同,批评的效果也会相差甚远。

一、老师批评学生的形式

从老师批评学生的形式看,不外乎有以下几种。

1. 直截了当的批评

比如,学生家庭作业没有做好,没有按时交,老师可能就直接指出:"回家作业不认真完成是对自己不负责任的表现,作为一个学生是不应该做这样的事的,遇到不会做的题,也是可以和老师说明并请教的。这样没有按时交又不说,算什么?"这便是直截了当的批评方式。

2. 训斥式的批评

对作业质量不好,上课不认真听讲,课间喜欢上演"闹剧"的学生,有些老师会狠狠地批评,甚至说一些难听的话,这样的批评不但无效,还有可能造成"教成人,结成冤"的师生矛盾。

3. 下台阶式的批评

学生采摘了学校花圃里面的花,我会对他说:"我知道,是因为你太喜欢这些花了,但你以后不会再做这样的事情了,是吧?"

4. 激将法式的批评

比如,对抄作业或者上课捣乱的学生,可以说:"嗯,我们都知道,这些作业对于你来说其实是小菜一碟，除非你真的自认不行。"这样的批评形式适合用在有点聪明劲且容易被激将的学生身上，好话谁都爱听，对他们来说，积极暗示是一种极好的引导。

有老师秉承"打是亲，骂是爱"的传统观念，喜欢狠狠地批评，但暴力语言沟通带给学生的或是惧怕，或是厌恶甚至仇恨；而有些老师爱用隔靴搔痒的方式批评，学生听多了反而会麻木。那怎样才能让老师的批评进入学生的心呢？

二、盯住目标备好课

批评是为了教育、引导学生真正认识到自己所犯的错，并引导他们不再犯相同的错误。所以，老师提前厘清思路备好一节批评课，做到心中有数，避免出现"说着就来气，越说越来气"的情形，是非常重要的。

1. 备事件

批评之前，先要了解事情经过，再定要不要批评、怎么批评。

2. 备学生

批评之前，一定要了解学生的脾气和秉性，再定语气语调，是严厉些还是温和些，是幽默一些还是激将一下。

3. 备伙伴

批评之前，要想清楚对其他学生的教育或警示作用。

4. 备家长

批评前，要考虑学生回家后会不会夸大其词地告诉家长，从而给老师自己带来麻烦。这种情况不多，但也要预先考虑。

三、及时批评后的安抚

批评的对象是学生，原因是他们在学习生活中犯了一些违反校纪班规的错。一旦出现这样的事，就有一个教育时效性的问题，所以应及时批评，不能拖延，否则，时间一长，有些细节会模糊，靠回忆往事来批评，效果会很差。

其实，孩子大多是希望得到老师表扬的，挨批评的孩子心里也是不舒服的，所以老师既要批评，又要在批评之后安抚好学生的情绪。安抚的方式如下。

1. 幽默激将

这适用于好胜心强的学生，老师适时用幽默的语言激一激他们，会激发这类学生心里"不甘心"的念头，进而起到转移批评后遗症、激发上进心的作用。

2. 伙伴肯定

在批评发生后，不管是班主任还是任课老师都要当着全班学生，用"但是"这样的转折，强调被批评同学还是有不少优点的，并请其他同学列举他的优点。伙伴的肯定也会带给他被批评后的另一种温情。

3. 家访沟通

学生被老师批评后，一般是会和家长说的，尤其是遇到个性很强、老师的批评又过分严厉的学生时。这时作为班主任，就需要做一次家访（或电话沟通），告知事情经过，请家长做正面的引导和教育。

（1）就事论事见效应。学生不是老师的仇人，对学生的批评应该就事论事、干脆利落，不要牵三搭四，避免引起学生的反感。有的老师喜欢清算，这样的批评会让学生伤心和反感，也没有效果。

（2）暴力语言用不得。批评学生的用语应该是非暴力的，语气语调要给学生以警示而不能念学生有批判、嫌弃和否定之感。

良药苦口，忠言逆耳，道理大家都懂，但是真正使用良药、忠言的时候，就不是所有的人都能用好的了，尤其是对在校学生来说，老师们的批评教育，用在不同学生身上，所起的效果也是不尽相同的，这自然和老师们的批评方式有着很大的关系。教育是启迪心灵的事业，教育契机无处不在，善于批评的教师不但懂方法，也懂孩子的心。一个懂孩子心的老师，他的批评是能入孩子的心的。

他们变了

小萱曾经是一个留守儿童，如果没有遇见她，我可能不会关注班级里、年级里那些曾经的留守儿童，也可能不会关注他们回归父母身边后的情感世界。

新生报名那天，不管是活泼的还是胆怯的孩子，看向我的眼睛里都是亮光，我每点到一个名字，他们都会一本正经地举起右手说"到"！

当点到小萱名字的时候，我连着报了三次，才听到从教室最后一排传来的一声沉闷的"到"。我循声看去，只见她身材较胖，坐姿不挺拔，见我看向她时，便避开我的注视，一脸尴尬。她飘忽的眼神时不时看向教室里的某个点，皱着的双眉间藏着心事。她不开心！

小萱不开心！英语每天都要重默，每天都是蹙紧着眉头一遍又一遍地订正重默，最后也只能在英语老师的特别照顾下完成一点任务。她数学跟不上，历史背不出……

小萱不开心！她在"每日一记"里倾诉着自己内心的担忧，也抱怨爸爸妈妈对她太严厉。

乘着小萱爸爸来参加班级家长课堂活动之际，我和他进行了沟通。爸爸说，他知道孩子对他有怨言，可他真的非常爱小萱。我请他说出三个表现他爱小萱的做法，又请他说说小萱身上的优点，他支吾着没有说出口。我告诉他，对孩子的学习即使着急也只能放在心里，那些脱口而出的难听话，今后说出来之前可以先顿一顿，想好再说，免得伤害孩子。心里有恨的孩子，要让她听大人的话把学习抓起来，是很难的，因为学习需要好心情。我也告诉他，小萱每天都不开心，希望他能为孩子获得好心情想点办法。

这次交流以后，我的手机里有了她爸爸询问小萱学习情况的短信了。

期中考试后，天气越发冷了，天色也暗得快了，小萱在"每日一记"里说："我现在最害怕的就是放学，放学后我必须回家，可是我实在不想回到那个家。虽然我很讨厌自己有这个想法，但还是忍不住这么想。"

这到底是个怎样的家呀？带着疑惑，我走进了小萱的家。

57平方米住着一家四口，狭小的客厅一角放着小萱学习的书桌。爸爸说，小萱在小学四年级时才来到自己身边，只能进民工子弟学校，这套房子就是为了她能上个好的中学才买的，还有不少贷款呢。

看来，父母为了小萱也是花了血本了！

小萱说，刚到这里时，父母待她是好的，后来有了弟弟，再后来自己的考试分数越来越低，就没有以前那样好了。看来父母对小萱的好，和小萱渴望父母给她的好不在一个频道上。

天下父母没有不爱孩子的，在我的说服下，小萱爸爸参加了正面管教课程的学习。他说，跟我学习了四次课，就再也不敢骂孩子了。在12月份的班级家长课上，他还带来了两箱饮料。家长课堂结束后，我夸张地对孩子们说："看呀，这是小萱爸爸给我们的福利呀，你们好幸福哦。"孩子们笑着鼓掌，我说："既然是小萱爸爸给大家的福利，那我们还是让小萱来发吧。"掌声响起的时候，小萱不好意思地站了起来，在我的鼓励下，她和爸爸一起把这些饮料发到了每一位同学的手里。

春天来的时候，小萱在"每日一记"里说："他们变了，我希望一直这样。"在四月份的家长课堂中，她妈妈也来参加了，一直坐在她身边，时不时搂住她的肩膀，还给讲课的家长拍照。小萱一直在笑，她很开心。

像小萱这样的孩子在我身边还有不少。留守儿童的经历让他们和父母的情感交流少了些顺畅，童年的分离让他们的亲情纽带有了很难修复的裂痕。他们需要父母的情感呵护，而奋斗中的父母往往只会关注孩子的学业。孩子的想法是直接的，当父母不能给予他们真正的爱和接纳时，他们就只有慢慢地在内心长出盔甲高墙甚至大刀和箭矢，并最终沦为一个可怜的低价值的人。由此我想，当我们用力帮助留守儿童回归到父母身边的时候，更应用心关注他们回归后的情感世界，帮助他们得到及时的亲情滋养。

走过冬天

　　小圣，长着白净的脸，上课总是横坐着，也很少说话。除了上课经常沉浸在自己的世界里，他并没有吵闹等违反班级纪律的事情发生。他的家庭作业质量不错，但当堂作业质量却很糟糕。

　　开学到期中，期间开了两次家长会，虽然家长会安排在晚上举行，但小圣的父母都因"没时间"而缺席。家校联系本上的家长签字栏，每天都是由他爸爸来签。小圣每天病恹恹的，几次打电话给他妈妈，她总以"知道了"匆匆结束通话。

　　对于这样一个平日里得过且过、不声不响且病恹恹的男生，我特别想实地了解一下他的家庭环境，特别希望他妈妈也能关注一下他的学习生活。

　　日子已经到了12月份，天气很冷，和他爸爸交流了两次，最后商定了一个周五的晚上去小圣家。问明了详细的住址后，我告诉他爸爸，晚上6∶45左右我会到他家楼下。

　　想到小圣的课桌里经常有圣百合的面包，我便去圣百合饼店买了一些面包和单独包装的糕点，装成一个大礼包。周五晚上，我按照之前说好的时间出现在他家楼下，让我没有想到的是，天虽很冷，但小圣和他爸爸已站在楼下迎接我了。

　　看到我，小圣热络地喊了声"蒋老师好"，我把礼包递给他，说："小圣，圣诞节快要到了，这是我给你的礼物哦！"他爸爸一番客气后，我们上了楼。小圣不时在前面提醒我"当心脚下"。我心里暗想："小圣平时不声不响的，其实情商还蛮高的嘛！"

　　走进他家，我发现家里收拾得很整洁，只是他妈妈不在家。我和小圣爸爸聊天的时候，小圣时不时笑笑，或插上几句。在我们的交流中，我了解到小圣的妈妈爱搓麻将，在麻将馆待的时间比较长。爸爸脾气很好，平时小圣的学习和生活爸爸关注得多一点。小圣的脾气随爸爸，他平时不声不响，不是心里有事，而是性格使然，但小圣对待学习确实不是十分上心的，他爸爸也认识到了这一点。

要是有一股外力能让小圣对学习不但有一定的要求，且有一股子劲向上，那是最好的了。我把这个想法和小圣爸爸做了交流，也希望他能说服孩子妈妈，多给小圣一点生活的惊喜。他爸爸说："听您这么一说，我也明白了，以前没有想得那么多那么远。就这么一个孩子，是得好好为他提前做些打算了。"我告诉小圣爸爸，孩子在学校学习，目的不只为分数，而是在接受知识的过程中，提升思维品质，打开视野，获得自主学习的能力，因为每一个孩子将来都要走上社会，小而言之要承担家庭责任，大而言之要承担社会责任。接着我给小圣传授了几个防止课堂上走神的小窍门。小圣说，自己会试着改进听课的方法。

这次家访后的第二天，小圣妈妈给我打了一个电话，除了感谢，她还表示今后会多关注小圣的学习。不管她能不能坚持做到、做好，令我感到欣慰的是，至少我的家访还是让她开始有了一些行动上的改变。

俞敏洪说，教书的是老师，但育人的肯定是父母。一个优秀的孩子身后必定有一对优秀的父母或一位优秀的母亲。我由衷地希望小圣妈妈在他成长的路上也能发挥其应有的作用，陪着小圣走过这个冬天。

其实，你可以自己飞

到了初三，小丰不再那么敏感了，对于旁人的评价也不再那么耿耿于怀了，莫名发火、摔门的情况也极少发生了。"每日一记"里，他往日的消极和牢骚也被"别人做得来，我为啥不能做"的倔强所替代。

初一时，数学做二次订正的同学会被老师留下来，而小丰就是那为数不多的做二次订正的同学之一。为此，他不是觉得自己很差，就是认定老师和他过意不去。但小丰在成长。有一次，因英语连续多天重默，他被英语老师批评了一句，我以为他又会发飙，但他发狠地在"每日一记"里写道："我就不信了，连个英语默写也不过关，我定要默个满分给你看看。"第二天，他的英语果然默写满分。在被英语老师当作努力的典型表扬后，他却故作平静，一脸深沉。

到了初三，数学老师会在每天放学后安排一个单独辅导的名额，辅导有需要的同学，而这个名额是要预约的。有一段时间，小丰每天都会提前占住这个名额，以至于数学老师只好给我们班分配两个名额。

小丰的懂事，让他妈妈不再纠结于他的坏脾气，但她开始忧心小丰的学习成绩了。不管我怎么开导，她总是觉得，初三要的就是分数，中考摆在面前，分数才是一切。

初三一模结束后，在班级任课老师会上，老师们一致认为，以小丰目前的状态，考上好的大专学校是没有问题的，甚至还能冲一冲普高，况且他自己也一直保持着"要上高中"的那股子劲头在对待学习。

四月底，模拟考试结束后，职业类学校某些专业的提前招生也开始了。

短信发出那天，小丰妈妈赶到了学校，询问提前招生的事。我不能为小丰的中考打包票，但直觉告诉我，他中考不会差。他妈妈还是担心，说："中考是很难的，考试还要看考运，到时候拼劲也不管用啊。要是分数低了，肯定考不上好学校。到时候，没有书读了，可怎么办？"不管我怎么劝慰，她就是认准在中考前搞定一个学校就好了。这样，也不用再辛苦一个月了，也就定心了。小丰不愿意填报提前录取的专业。他在"每日一记"里写道："我要凭我的努力，即使高中考不上，也要考一个好一点的中专。"接来的那个星期，我们都能感受到小丰努力的精气神。英语老师甚至说："这个孩子，不要一不小心，成了一匹黑马哦。"

可是小丰的那股劲才使了两个星期，从5月15日那天开始，他居然在语文课上订正英语，在化学课上睡觉，一副轻松淡定的样子。

这孩子是怎么了？

放学时，小新告诉我，前一天，他和小丰等几位同学去外市一所职业学校面试了，他说："我们都被录取了！"看着小新开心的样子，我顿时明白了小丰的轻松淡定是从哪里来的了。

小丰原来完全可以凭自己的力量振翅飞翔的，虽然辛苦一点，但是那种自我成长的快乐就是成长路上收获到的财富啊。就在他振翅欲飞的时候，他的翅膀被折断了，他最终还是做了一只飞不高的燕雀。

小丰是幸福的，他的生活安逸又一帆风顺，但他再也不能享受到自己飞翔的那份得意和惬意了，我又为他感到遗憾。

现在的父母面对孩子的教育很焦虑，为孩子考不出好分数焦虑，为自己不能给孩子更好的物质条件怕耽误孩子前程而焦虑。为此，他们要么束手无策，要么帮孩子决定将来。殊不知，一个能放手的父母才能给孩子勇往直前的动力。在孩子人生的关键几步中，孩子需要父母指路，但不是包办。我想，当父母用金钱买断了孩子无限的发展潜能后，他们对于孩子的那份短浅的爱会不会也会被时间买断？

相信每个孩子都有一颗要好的心

一、求助案例

我今年工作第四年，任教语文学科兼班主任四年。今年接手一个新班级，是六年级，听以前教过这个班级的老师说，班级中有一名男生，特别好动，爱惹事，会莫名其妙地打同学，问他为什么打，说是对方让他不爽，他看不顺眼；上学想什么时候来就什么时候来，找孩子的家长，家长反过来质问老师，而且无论怎么样都认为自己的孩子是没有问题的，是其他人不对。那个孩子还多疑，别人明明没在说他，他就会认为是在说他，上去就给对方一个耳光，有时脾气上来还打老师。而家长则一味袒护纵容，在前因后果都明确的情况下，在班上50多个学生和家长都说这个孩子错的情况下，该生家长还认为自己的孩子没有问题，是其他孩子的问题。（该生家庭经济情况好，有些强势）请问应该怎么办？

二、我的答复

俗话说，林子大了，什么鸟儿都有。在学校里，老师遇到的不会只是顺我们心意的孩子，总有个别孩子带着强烈的家庭特质出现在我们面前。他们在同龄人中另类的表现，他们的"傲气"或"霸气"，都考验着老师，尤其考验着班主任的耐心。所谓老革命遇到新问题，这也让教师的教育智慧和教育艺术面临挑战。家庭教育的土壤和影响不会因学校教育的介入而消失。既然如此，面对这样的孩子，我们有必要做到以下几点。

1. 相信自己

读了这封求助信，我想对这位工作四年的老师说，要相信自己，要相信自己的眼睛和耳朵。从求助信看，这个学生和家长令人不开心的表现和举止，是你从以前教过他的老师那里得到的，而不是你自己亲眼所见。可以这样理解，这是同事的好心好意，他们在善意地提醒你，教育这个孩子时，要多个心眼保护自己，要多点手段开展工作。想一想，这个孩子每天都是这样不消停吗？换了你做他的班主任，他会不会想乘机改变一下自己，给你留下好的印象呢？孩子的心愿就是家长的愿望，家长会不会也想乘机改善一下曾经的尴尬状况呢？一切皆有可能！当然，同事集中反馈的情况，可能你也会碰到，但幸运的是，你事先了解了一些事情，甚至是细节，那么应相信自己能打好这场有准备的仗。

2. 相信每个孩子都有一颗要好的心

这个暑假我收到了同事转发给我的《母校印象》，同事说这篇文章在微信朋友圈里传开了。这是刚毕业的初三（3）班小新同学写的。他从学校的地理位置写起，对初三年级很多老师做了诙谐又中肯的评价。他对我的评价是：年级主任蒋金娣，个子不高，但不愧是女中豪杰！小新在（3）班，我带（11）班，与他近距离的接触只有三次。一次是中午我值班时，堵住了想要跨越绿化带的他，我个子不高，站在高高的灌木下，他一时没有看见我，等到看见时，他便蹲下身假装系鞋带，走的时候还白了我几眼。向他班主任反馈这件事的时候，班主任满嘴都是，这个学生难教育，自己很倒霉遇到这样的学生这样的话。第二次是小新到初二年级去问同学借钱，正碰上有初二学生打架，他被初二年级的老师告状说也是参与者，气急的班主任在办公室里训斥他，列举他日常的种种不是，并当着他的面要打电话通知家长来学校处理事情，小新当时很激动，求班主任不要打电话给父母，反复争辩自己真的没有参与打架，只是去借钱。眼看没有办法了，他冲出了办公室的门，被我在走廊上拉住了。他无助地哭着对我说："我没有参与打架，我只是去借钱。"最终我陪着他把事情弄清楚了。第三次是他班主任请假那天中午，班级里很吵，我看到堆放卫生洁具的地方坐了一位同学，他座位附近都是垃圾，我什么也没有说，拿起扫把，扫除了座位四周的垃圾。当我转身到教室后面的时候，墙角根原先排列好的饮料瓶不见了，而小新的座位旁边有黑色的黏物。我蹲下问小新借了一把钢皮尺弄掉了它。等我起身时，看见小新一声不吭地在拖地，把原先扔满粉笔头的讲台拖得干干净净。那时教室里没有一点杂音，只有写字、翻书声。

孩子，人小但有脾气。对于一个有脾气却又分不清是非、辨不明该与不该的孩子，没有必要把他的缺点一次次展现在家长面前。做老师的要相信，他也有一颗要好的心。带着这样的信念去接近他，真诚地爱护他，师生矛盾就会日渐消除。家校矛盾的焦点都消除了，那时家长还能说什么呢？

我们的教鞭下，还有一个孩子叫"心里苦"

一、求助案例

这学期，中途接了一个初三的班级。班里有一位女生，她父亲在坐牢。平时她在班级里不声不响，对待学习一副无所谓的态度，每天的作业不是抄就是不做，几次三番、几次三番地教育，没有用。我怀疑她得了厌学症。遇到这样的学生怎么办？

二、我的答复

范老师，和您相似，这学期我也接了一个初三班级。开学前，有几个老师善意地提醒我，"这个班里的小博同学很是了得，随意旷课、游荡，从来不写作业，出口说脏话，串班滋事，家长根本管不了。老师说一句，他要带着脏字反驳几十句"。一句话，我会费很多时间在小博身上，并且还得随时受气。与您的学生不一样的是，小博的父母很宠他，但凡学校里发生了什么事情，都是妈妈带着舅舅来，小博最怕舅舅了，因为舅舅会扇他耳光。我可不想看到小博在我面前被舅舅扇耳光。

孩子的异常行为可能只是一段歪曲的经历引发的，我们不能静止地看他们现在的样子，还是要看看那段歪曲的经历。在"小学生毕业登记表"中，他上六年级时的班主任的评语很委婉，但还是能发现小博在小学里是与众不同的，所以我对他在开学第一天学生大会上随意说话、嬉笑，并时不时挑衅地看看我，没有表现出丝毫的生气。我知道我要帮他一点一点改掉坏习惯。

对学生来说，要改掉已有的坏习惯不容易，那是需要朝着目标努力再努力的，所以抓住契机很要紧。在开学第二周的音乐课上，任课老师打电话跟我说小博没去上课，我奔到教室，见他趴在桌子上睡觉。我问他是不是身体不舒服，顺手还摸了摸他的额头，他涨红了脸说："没有，我这就去上课。"我就和他一起进了音乐教室。接着我打电话给他的妈妈，请她坚持做好一件事，不要让孩子把手机带到学校里，并说实在有事，我的手机免费用。就这样，一直到今天，小博都没有带手机到学校。因为这件事，我还在全班表扬了他。小博在下面哇哇大叫，但看得出来他很开心。

范老师，您现在的纠结源于学生得了厌学症，不听也不做。您要苦口婆心地教育她。说真的，对于一个把学习拒之心门之外的孩子来说，想要说服她做她不愿意做、也不想做的事情真的很难。

我一直相信我母亲说的，小孩念书要有劲头了，才会考出好分数。老师要做的就是想出能让孩子有劲头的法子。分数不是直奔而去就能获得的，在我身边不乏这样的老师，天天盯着学习后进的学生让其记啊、抄啊、背啊。为什么搞得这么辛苦？就是怕学生的分数掉下来。说实话，对于一个底子薄弱，又有点"前科"、心里有事的孩子，一直被盯着要读书、要写作业，听不懂、听不进去但还要听，不会做但还要做，是很难受的。开学第二周，小博对我说："老师，他们能听懂，我一点也听不懂，你能不能对我妈妈说，让我不要来上学了？"我认真地和他聊了会儿，并请他担任语文课代表，负责搬运练习册。这一回他没有拒绝，搬语文作业本一直搬到毕业。信心和正能量是需要被激活的，所以您需要忍耐，不要和这个孩子起冲突，还要好好关注她、爱护她，并为她量身定制一些具体的事情和活动。

母亲的不配合是可以理解的，越是这样的家庭，家长的自我保护意识越强烈，越护子心切，怕孩子受欺负。范老师，恕我直言，您可能没有到过那位学生家中，也没有和她妈妈真诚地做过交流。

国庆假期，我走进了小博的家。我相信这个年纪没有绝对的坏孩子，我们看到的"坏孩子"，他的"坏"肯定是有根源可溯的。她妈妈开心地说："蒋老师，我孩子惹了这么多事，您还这么看得起我们，来家访，换作以前，我可能老早被请到学校里去了……"话没说完她就流泪了。之后，她从小博读小学开始说起，讲了很多，从她陈述的、老师们讲述的，还有别的学生告诉我的事情中，我大概了解了小博从小学入学至今的那段歪曲经历了。他曾经是个好孩子，喜欢打篮球。后来，不爱写作业了，和社会青年在一起。从初一便在学习上开始混，然后被停课小半学期，最后成了现在这个样子。我要做的就是让小博明白，他不是那么糟糕。就在修改这篇文章前，我又和小博开始了每天放学前的三分钟私聊。小博表示，他愿意试一试，把语文学起来。

范老师，撇开学习不说，我很同情这个女生，有一个坐牢的父亲，在同龄人中真的是抬不起头来的。被人歧视的滋味是不好受的，她的心里其实很苦。

别忘了，在我们的教鞭下，有瓦特，有牛顿，还有一个孩子叫"心里苦"。您眼下要做的就是默默关注，用您的耐心、爱心和坚持，走进孩子的心里。这或许会耗费您的一些精力，但要知道，老师的优秀很多时候就是这样的学生所给予的。

避开锋芒，旁敲侧击助成长

一、求助案例

学生小同，男，初二学生。成绩在班级前10名，最好时能进入前3名；理科较好，文科偏弱；个子细瘦，看上去一声不响，暗地里却非常好动；不太守规则，经常在一些管理不太严格的副科课上讲闲话。据同学反映，只要没有人管束，他就是个"歌王"，各种浪歌狂舞，极度夸张。

他对待老师比较冷漠，上课的时候喜欢侧身而坐，转笔说一副全都懂了、爱听不听、似听非听的样子。事实上他的听课效率还是很高的。只要成绩还可以，他是一副很放松的样子；只要成绩有所落后，他会认真一段日子，成绩一旦上去了，就立即摆出一副吊儿郎当的样子。

用任课老师的话来说，这个学生不讨喜，虽然成绩不错，但是为人冷漠，除了成绩还可以外，别指望他能主动为班级做一点事情，走在路上看见任教的老师也是只当没看见。任课老师上课时看到他似听非听的样子也是很不舒服的。

中午在班级里吃饭，如果老师给他添饭，他很不自然地侧开头，从来不说一句谢谢。

小同从两岁半时起不和父母一起居住，和家里的老人住在一起，直到读幼儿园时才再次和父母住在一起。父母发现这个孩子很冷漠，小学的时候家长还能管住他，到了初二，叛逆心严重，家长说什么都不管用了。

比如，英语老师要求学生每晚在家里读十分钟英语后家长签字，写清楚朗读的时间，但小同根本不读英语，竟然当着家长的面模仿父亲的字迹给自己签字，还洋洋自得地说自己签得很像。比如，每到周五他就想方设法要把父母的手机拿过来玩游戏，父母不给，他就会从后面抱住父亲然后把手机抢走。

因为他叛逆到根本不听父母的话，父母也不敢和他硬来，怕关系闹得更僵。

小同的母亲是一个民工子弟学校的小学英语老师，在和这个母亲的交流中，我能发现她说话语气很生硬，没有一丝柔和的感觉，让人听了感觉很不舒服。除了对儿子加以指责，悄悄给老师打电话告状，她拿自己的儿子完全没有办法。

二、我的答复

教育不是万能的，学校教育更是如此。有人说，教育就是成全人，让孩子成长为一个健康的人。对于像小同这样的孩子，我想，如果还是盯住"应该要成为怎样的孩子"或者说"一个中学生应该做到怎样"，来要求他，暂时是不可能的实现。

对于小同而言，他觉得分数是自己考出来的，凭什么要感恩老师？上课我随便听听就能考出好的分数，凭什么都要听你的？添饭是你老师的任务，凭什么要谢谢你？……

仗着这些优势，进入叛逆期的小同更是有恃无恐。如今，小同的父母对小同也没有办法了。其实，父母曾经有过一段有办法栽培孩子的时间，但是他们没有做；学校老师要帮助他，也只能避开其锋芒，用旁敲侧击的办法，尽量把他拉过来以减少他对其他同学的负面影响。

可以利用班会课开展一些主题讨论活动，比如感恩教育、文明礼仪教育等。让学生做心理小游戏活动是让学生接受知识、体悟道理的较好方式之一，可以利用好团体辅导课，让小同通过做心理游戏体会做人的道理和与人友好相处的方式。

营造积极向上的班级风气。学生在学校的学习生活，除了理性的分数，还应有充满温情的学习氛围、人际氛围。开展活动是营造良好班级氛围的有效方法。我所在的学校每年都有"一中好少年"的评比。我把它看作引导学生向上向优成长的一个契机，我用一节班会课的时间，用全班投票的形式做这件事。从推选投票到最终掌声通过，全部在全班学生的眼皮底下进行，所以没有学生提出异议。个别挑剔的同学也找不到挑剔的理由，更重要的是，这个过程很严肃，学生也把它当回事，最终的结果很顺民心。落选的同学不管平时表现怎么不理想，在民意面前还是会有所触动的。另外，推选班级共青团员候选人也是这样做，甚至每周一次的班级颁奖仪式也都是这么做。我会让有进步的同学做颁奖的人，他献上的颁奖辞会被班级日志记录在册。这些正向的活动，不但能营造出良好的班级氛围，也能在潜移默化中感染像"小同"这样的学生冷漠的心。因为他们毕竟还是孩子，是孩子就需要大人用心引导。

最后，还是要把家长的力量调动起来。我是通过家长课堂来做这件事的。我一个月举行一次家长班会课，把讲台让给家长。参加听课的家长也从中学到不少经验。父母来上课，学生感到很新鲜又很自豪。父母的参与使原生家庭的无形力量在班级里流淌开来。如果开展这样的活动，像小同这样的学生，在班集体生活中的表现会有所改变。

当然，要帮助小同，还可以用于老师的办法，打情感牌。有的时候，老师温柔示弱的那一刻可能就会成全一个学生。

当然，除了这些，还要站在小同的角度给他一些具体的帮助。

1. 碰到像小同这样学习好但是冷漠高傲的学生，老师不要过于抬高他们的地位，而要以平常之心对待他们，和对其他同学一样。

2. 布置班级任务时，一定要强调是对班级所有人的要求。

3. 设置一些班级活动时，应尽可能给他分配任务，并表示相信他是能完成的。

4. 理直气壮地行使教师管理和教学的权利。在一些课上，隔三岔五地实地观察，看到问题，该批评的时候不能含糊，需要纠正的毛病要坚决指出来。

5. 与家长深入沟通，指导家长做一些辅助活动，如让其参加班级家长会、在家长会上发言等。

6. 发挥其他学生的力量，借助一些学校活动，树立讲文明守礼仪的榜样，不间断地大肆宣传表扬。

养育子女不仅是为了面子

一、求助案例

学生小A，女生，初三学生，结交社会不良青年后不肯上学了。父母因为要面子，一直对亲朋好友隐瞒这件事。有一天晚上，她父亲骑着摩托车在找她的路上摔断了腿，亲戚朋友去看望时才知道事情真相。

二、我的答复

这又是一个逆天的初中女生！她现在的样子不是一朝一夕形成的。

1. 这样的情况究竟是怎么造成的？

她之所以会出现这样的情况，首先，她的家庭、她的父母有着不可推卸的责任。5月9日晚上，我看了中央电视台的一期《夜线》节目，主题是"校园欺霸"事件，涉事的五个孩子，最大的17岁，其余都是15岁。他们的家庭不是父母离异就是再婚重组，这几个孩子的父母在教育他们时，要么因成绩不好打孩子，要么对孩子不闻不问。据这五个孩子说，他们就是不想读书，想早点赚钱。值得庆幸的是，上述案例中的女孩，父母还是管她的，可悲的是，父母很早就知道女孩"打架恋爱混社会"了，但因为所谓的面子，没能及时采取措施，也没有想到寻求帮助。如果这次不是父亲的腿在找她的过程中摔断了，或许父母还是会为了面子保持隐忍的。

其次，学校缺乏对家长、对女孩的有效指导和引导。在我的班主任工作中，时常会有家长请我多鼓励他们的孩子，理由是孩子很听老师的话。当家长把教育孩子理解为只是学校老师上课时教点学科知识的话，那么他已经把父母育儿的担子卸下来了。

这位女孩父母的沉默（在外人看来也许是默许孩子这样了），可能就是老师卸下麻烦担子的理由。家庭和学校在女孩问题初现端倪的时候，没有联手行动，及时制止，及时疏导，及时看护，也是一个原因。

再次，就是社会大环境的原因。近朱者赤，近墨者黑，环境对人的影响是最大的。不得不说，对金钱名利的追求和渴望，超现实的社会风气，已经在侵蚀一些青少年学生的思想和灵魂了。曾有一个学生对我说："我想做个唱歌跳舞的明星，因为这样赚钱快，赚钱多。"在有些学生的世界里，说着"自尊"，却做着最不要自尊的事，说着"压力山大"，却轻松地玩着游戏，喝着咖啡聊着八卦，"老公老婆"挂在嘴上，这些都是无法有效制止的，也没有人敢承担制止后可能出现的严重后果。

2. 还有没有什么方法可以挽救这个女孩子？

这个女孩已经享受到了她认为的自由和幸福，所以，把老师和家长那套道理说给她听是没有效果的，想从根上挽救是很难了。正所谓病来如山倒，病去如抽丝。现在要做的是，家长联手学校老师的力量，做到盯、关、跟，必要时动用派出所的力量，尽可能减少女孩与外界的联系，逐渐断了她与社会上那些人的联系。

3. 我们老师该如何预防这样的事情出现？

这个女孩又让我一次想起了上一届的小怡同学。

老师尤其是班主任真的要有一双善于观察的眼睛，一对善于倾听的耳朵。

没有规矩，不成方圆。预防这样的学生在班级里出现，首先要制定不得带手机到学校的班规，并要管理好特殊情况下学生带到学校的手机。当然最终还是要和家长联手管手机。智能手机的出现，让学生有了与外界联系的广阔天地。只有断了与外界的频繁接触和交往，才能管住孩子的脚和心。

其次，要多与家长主动联系，反馈情况，把老师的担忧传递到家长心中，必要时进行家访，对家庭教育进行及时的指导，甚至可以向家长提供一些心理咨询方面的援助。

再次，要在班级管理上，让这类有"苗头性"问题的学生多做思考，给这类学生创造展示亮点的机会。像于洁老师做的"优秀袋"、家校联系单，不管是在形式上还是在心理疏导上，都能很好地把学生的心收在班级里、收在学习上、收在老师的眼睛里。

当然，对于有"苗头"的学生，也要提早把具体情况告知任课老师，以避免在日常教学工作中，因不恰当的言语引发不必要的冲突。

原则面前不迁就

一、求助案例

课正在进行，小安突然站了起来，说："我要上卫生间！"

我心下有些疑惑：两周以来，小安每次都在我的课上要求上卫生间，这次又要上卫生间？难道真有特殊情况？

小安解释道："我是真的想上。"我还没有发话，小斌又举手说："我也要上卫生间。"

平时也听说了，有学生借上卫生间的时机做其他事情，不仅浪费时间，还可能出现安全问题。小安对学习还是比较上心的，尽管在课中上卫生间的次数较多，但这次这么急，应该是真的吧。倒是小斌，上次他借上卫生间之机，在操场看打球，这次莫不是又要找借口闲逛？我说："小斌，你真的是便急吗？人家是女生，有特殊情况的。"小斌："我是真的要上卫生间。小安每节课都要去上卫生间，不会每次都有特殊情况的。"他的话刚说完，又有五位同学也举起了手，都说要上厕所。

这么多同学都要求上卫生间！今天是怎么了？看到小安强忍的表情，我只好说，同学们，一个一个地去，小安先举手要求，就让小安先去吧。这时，小斌竟带着情绪大声地说："这不公平！我也忍不住了！"其他几个同学也附和起来。我只好说，大家轻点声，那就都去吧。小斌和其他几位同学都站起来跑出了教室。今天的课就此被打断了，课中上卫生间看似是小事，实则不然，处理不当会引发不良后果。

他们中究竟有几位是真想上卫生间？还是在学小安的样？我要了解真实情况。

我先找了小安。小安说，她这次也是真的急了，没办法。找小斌，他说，小安经常要去上卫生间，谁知道她是不是想出去逛一圈？而且，听小安说要上卫生间，我也有生理反应了，也想去。其他五位同学，有下课忘了上的，有被老师叫到办公室没上的。还有一位说，他下课不想去，下课卫生间里人太多，感觉不舒服。总之，各有各的理由。

听了他们的理由，我也反思了自己的处理方式：

一是让他们一个一个地去上卫生间，虽然这看起来对课堂的影响小，实际上反而延长了干扰课堂的时间。二是要面对让谁先上谁后上的问题，难以抉择。正如小斌所说的，让小安先上，就有不公平的问题。这会让学生从此存下老师不公平的印象。见学生们提到了公平的问题，而且有了情绪，我就让他们一起去上卫生间，暂时停了课，但回来后课又可以进行，而且学生松了"包袱"，上课精力更集中。然而，我也有一些担忧：这么多同学出了教室，脱离了老师的视线，出了安全问题该怎么办呢？

那么，这种课中上卫生间的问题究竟该怎么处理呢？

事后，我请教了其他老师：

第一种做法：为防止对正常教学的干扰，都不准课中去卫生间。但这种办法比较专断，如真有同学便急了，不是侵犯了学生的正当权利吗？

第二种做法：那种平常遵规守纪的学生，一般课上内急，是真的，允许。借口多的同学、调皮捣蛋的同学，不许。这又存在一个问题：怎么知道调皮的同学要上卫生间是假的呢？这种做法也存在不公正、不公平的问题。学生今后怎么会信服教师呢？

第三种做法：让大家都去。这就存在上述弊端：耽搁了上课，还让学生可能养成课间忘记上、课中上卫生间的习惯。对一些坐不住的学生来说，他们还因此找到了闲逛的借口。

没有找到较满意的办法，我想还是问问学生自己吧，说不定他们有更好的办法。

借午间课的机会，我向学生讲了我的烦恼。同学们就课中上卫生间的原因与对策也热烈地讨论起来。最后，大家总结出课中上卫生间的原因：一是老师拖堂，耽搁了上卫生间的时间；二是在操场打球、看书、写作业忘了上；三是下课被老师叫到办公室谈事情，耽误了；四是下课上了卫生间，但喝水太多，课中又想上；五是课间没便意，但课中有了想上；六是课中有便意，成了习惯；七是吃坏了肚子；八是课间卫生间人多，不想上；九是上课坐不住，想借机出去逛逛；十是见别人上卫生间，条件反射，自己也想上。大家竟然梳理出了十条原因。

对策呢，同学们也说出了相应的办法：

一是希望老师课间不要把我们叫到办公室去谈话；二是各小组设一个课间上卫生间的提醒员；三是少喝点水；四是注意饮食卫生，防止拉肚子；五是逐步调整自己的生理反应；六是即使上卫生间，也要自己悄悄地去，不要打断课堂；七是发现借上卫生间闲逛的同学，课间禁止其出教室，罚其看书、写作业；八是上课要精力集中，不要去想上卫生间的事情；九是希望老师对找借口上卫生间的同学加强教育管理；十是对因特殊情况课中上卫生间的同学要有包容之心。真是人多智慧多，同学们也找到了十条办法。自此照着这些办法执行，课中上卫生间的同学还真的减少了许多。

二、我的答复

看得出来，李老师是一位爱学生，且讲民主、有宽容心的老师。

从案例描述的情形来看，李老师的那堂课曾被突然发生的"要上厕所解决一下"打乱了，在学生的大声喊话中，在老师没有原则的纠结中，想上厕所的学生数量也在增多，这堂课被打断了。究其原因：

首先，老师不讲原则地一味迁就。学生在校习惯的养成，是一个长久的转变过程，这里面牵涉的细节问题很多，需要老师时刻教育。在这个案例中，表面上看是一位课中要上厕所的学生引发了一群学生要上厕所的情况，最终导致一堂课中断了。这看起来是学生的问题，究其原因，却是老师不讲原则，迁就他们才造成了这样的局面。就像案例中说的，小安在李老师的课上，每次都有这样的要求。那小安之前有这样的行为时，老师有没有做点什么？课堂是神圣的，"专心听讲，勤于思考，积极参加讨论，勇于发表见解"，不仅是《中小学生守则》中的要求，也是学生需要遵守的基本要求。怎样让学生努力做到？老师要起主要作用。即使小安在课上每次都有这样的要求（虽然老师不知道小安是否真的要上卫生间，但是小安身边的同学很清楚，小安不一定每次都是真的），但因为老师没有对此做出过任何的"处理"，潜移默化中，在其他学生看来，原来上课可以用这样的办法出去消遣片刻。所以就像小斌说的："小安经常要去上卫生间，谁知道她是不是想出去逛一圈？"

其次，所谓的公平对待很不妥。当一群学生以各种各样的原因提出要上卫生间时，老师因为公平的问题就让那些学生一起去了，这样的公平也就仅仅是给那几个课上要出去的同学的，而对留在教室里的学生就是不公平的，因为他们的课被打断了。

当然，李老师的反思是及时的，也是智慧的。

李老师在这一堂课后，不但反思了自己的处理方式，还努力寻找对策，最终借助学生，不但弄清楚了原因，还找到了方法。我觉得，学生给出的建议真不错，如第六条"即使上卫生间，自己悄悄地去，不要打断课堂"；第九条"希望老师对找借口上卫生间的同学加强教育管理"；第十条"对因特殊情况课中上卫生间的同学要有包容之心"。

这样的事我也遇到过。班级一位男生每次都是掐准了上课前一两分钟去上卫生间，有时预备铃声响了，老师也走进了教室，他还是要上卫生间，每堂课都会这样。只要他一出去，有几个同学便如条件反射一般，也会跟着说要上卫生间。我和家长沟通时，家长明确说，孩子生理上没有什么毛病。在多次观察后，我发现其实他是想多一点在户外消遣的时间，于是就很明确地告诉他："上课前两分钟时间内，不准再走出教室上卫生间。"他说："我憋不住怎么办？"我当时就对他说："憋不住，就拉在裤裆里，我不嫌弃你。"就这样，一切都好了，后来也就没有同学跟风了。

所以我给出的建议是，第一要定规矩，上课期间就是不能上厕所，发现苗头性的现象，立马积极干预。当然特事特办，但要让学生悄悄举手、悄悄出门。第二，下一堂课的老师要提前几分钟进教室，提醒学生赶紧上卫生间，这

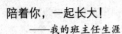

样既给那些嫌课间厕所人多而不愿意去的学生做了提醒，也给那些有便意的学生做了提醒。坚持一段时间后，学生爱在课中上卫生间的坏习惯一定会有好的转变。

教育需要民主，需要宽容，但是在原则面前，老师不能随意迁就。

自化化人，打好三张牌

一、求助案例

这几年我们区教育局对传统的班主任一个人管班级进行改制，让学校每个老师都分到一个班，进行全员育人。我们学校也成立了三人一组的班教小组，我是组长，另外两个是核心成员：一个是英语老师秦老师，是个小姑娘，刚参加工作不久；另一个是张老师，学校的中层领导。众所周知，班主任们都不愿意和领导搭班，因为领导事务繁忙，经常外出开会或接待外来的领导，所以班级分配事务时一般把最轻、最好做的事分给他们，张老师也不例外，就分了一项任务——每天四点来放学。尽管如此，每天都要学生去三楼喊他下来放学，学生经常跑个空，因为办公室没有人，所以放学基本还是我和秦老师来做。

今天下午学校的部分学生有个演出需要外出，我也参与了其中的一个节目。所以一早我就调课，把下午的课全上了，又打电话给张老师，请他下午来放学，他满口答应，我于是放心了。正在舞蹈房帮学生化妆的我，忽然被我班的一个学生喊愣住了："沈老师！不好了，超超又在班上发疯了！"来者是班上的小管家——小杨同学。"又怎么了？"我问。因为超超是上学期从别的学校转来的孩子，这孩子我行我素，没有一点规矩，上课基本动个不停，不是看书就是画画，要么玩玩具，不能被指责，不能被冤枉，否则就气呼呼地和你对抗，刚来时会撕书，将铅笔一支支掰断……

"自习课上，他不写作业不看书，被值日的同学记了名字，他就要把记录本撕了！"小杨上气不接下气地说。"班上不是秦老师看班吗？你让秦老师管管他呀！"我依然在给学生化妆。"秦老师说她管不动了，不管他了！""我们不是还有一个班主任吗？去喊张老师吧！"

孩子得令，立即去了。可是过了没多久，那孩子再次出现在四楼舞蹈房门口："沈老师！不好了！不好了！超超和张老师打起来了！"我心想：怎么可能？！一个三年级的孩子会和老师打架？再说了，老师也不会和孩子动手吧？"张老师叫你立即去班上！"我赶紧丢下手里的活，飞快地和小杨来到了教学楼，气喘吁吁地跑到二楼，只见我们班级门口围了许多学生和其他班的老师。进了门，看到超超弓着身子、手捂着脑袋在地上号啕大哭。"你是怎么当班主任的？！怎么教育孩子的？！"张老师气势汹汹，劈头盖脸就质问我，接着讲出的话让我大吃一惊。"你不在，就让我来帮你处理班级事务？！"我这时不假思索地回答："我不在，这个班就是你和小秦老师的，她一个女孩子管不过来，当然要你来，你不要忘了，这个班是我们三个人的，我们三个人是一个人！"他顿时哑巴了。

我赶紧把超超拉起来，把门口的老师和学生们都驱散了，然后把超超带到我的办公室。超超捂着头说："沈老师，我疼！我疼！"我转过身，把张老师拉到旁边，悄悄地问："怎么回事？""我打的！"他仍悻悻地说，"他居然还知道疼！"我把孩子安顿到办公室后，张老师说："你立即打电话叫他家长来，最好两个都来，到我的办公室找我！"说完就走了。

办公室里留下了我和超超，孩子捂着脑袋不停地哭泣。我又是心疼，又是着急："你这娃，我走时你不是表现得乖乖的嘛，我走了一会儿，你就闹腾了，这下全校都出名了！"不一会儿，超超的妈妈来了，我让她去二楼找张老师，我则进班去了解情况。原来今天超超等我走了，就不写作业了，值日的同学记了他的名字，他就把记载本团成一团，撕掉了。小秦老师叫了他几次回到位置，他就是不听，于是让孩子来喊我，我又让孩子去喊张老师。张老师来了以后，叫超超站起来，他就是不听，还朝张老师瞪眼发火。张老师叫他去办公室，他也不听。张老师去拉他，他就赖在地上，用脚踢张老师。张老师火了，就把他拎起来重重地放在地上。于是超超就对张老师手脚相加。张老师被激怒了，就动手了。

为了进一步了解当时的情况，下午我带学生表演完回来，趁办公室没有人，又向小秦老师了解了一下情况。秦老师说的和孩子们说的差不多，说超超飞起一脚，踢了张老师的下身，张老师好像非常疼的样子，才开始发火动手打了孩子脑袋几下。唉，超超啊超超，你这么小，咋也学会了社会上小混混的阴损招数了呢？在回来的路上，我就打电话给超超的妈妈询问情况。他的妈妈说："张老师说我家孩子有心理问题，我早些年就关注到这点了，唉！这孩子是要好好教训教训了……"

回到学校，还没有到放学时间，我就去班上布置家庭作业，又把今天的作业订正清理了一下。这时，看到张老师来放学了，真是令我大吃一惊，能主动到时间来班上放学，这还是第一次！不知道是因为今天的超超顶撞事件，还是我对他说的一番话触动了他？我简单地询问了他家长来谈话的情况，他说后来把孩子的爸爸也喊来了，和他爸爸谈话时，孩子和妈妈先走了。他们夫妻俩都是老实人，但夫妻关系很不好，孩子长期得不到父亲的关爱。在写这个案例时，孩子妈妈的电话来了，告诉我孩子今天晚上表现很好，写了检讨书，把作业写得好好。

他的妈妈在电话里告诉我，他们夫妻两个在本地做生意，开羊肉馆，已经开了好几家连锁店了，夫妻俩都是事业心极强的能人。超超是男孩，排行老二，上面有一个20几岁的姐姐，已经工作了。超超生下来后就丢在老家给爷爷奶奶带，到了入学年龄，父母就把他送到了全日制寄托学校。上了一年后，老师们发现孩子有些不对劲，比如喜欢生闷气，一生气就撕书、掰断铅笔、不吃饭，或者溜出教室，在校园里偷偷地躲起来。向父母反映后，孩子的妈妈开始重视这个问题了，并把他带去进行心理咨询，咨询了20节课，花费了一万元。咨询师说孩子从小缺乏父母的爱，希望用自己与众不同的行为引起更多人的关注，建议孩子父母多多关爱、陪伴孩子。此时，孩子的父母意识到了问题的严重性了，就把孩子转到了他们做生意的地方，找人进了我们班，做了一名插班生，今年把学籍转进来了。孩子父亲为了赚钱，经常喝酒应酬到夜里两点回家，有时一周和孩子都讲不上一句话。超超的妈妈对超超的爸爸很有意见。

电话中我得知孩子身体没有什么不适，我那颗悬着的心也轻轻地放下了。

写完这些，我梗在心里的难受劲好多了。超超，作为你的班主任，我该怎么样把你调教成一个自律的孩子呢？

二、我的答复

看完这个案例，共情让我的心也不禁纠结起来。班级里只要有一个这样的学生，班主任真的是操心又碎心。都说冲动是魔鬼，但对于老师来说，被冲动还是高于主动冲动的。超超任性的爆发，张老师被冲动的爆发，使夹在中间的班主任最难受。但困难和机遇总是并存的，陶行知先生说："教员的天职是变化，自化化人，虽然不容易学孙悟空的七十二变，但是至少要看重变化。"我觉得沈老师可以在变化中打好三张牌。

1. 打好班教小组这张牌

如案例所述，沈老师所在区教育局对传统的班主任一人管班级进行了改制，让学校每个老师都分到一个班，进行全员育人。沈老师班的班教小组由年轻的秦老师、中层领导张老师和班主任沈老师组成，搭配还是不错的。老师工作的难和烦，源自学生个体的差异。所以，针对个体差异，老师要随时变化自己的班级教育管理策略和措施。既然班级管理的体制都在变化，那么，这个体制中引导和落实具体事务的人也要有变化。

正如案例中叙述的，当沈老师对张老师说："我不在，这个班就是你和小秦老师的，她一个女孩子管不过来，当然要你来，你不要忘了，这个班是我们三个人的，我们三个人是一个人！"在这种自上而下推进的改制中，班主任可以大胆地乘势利导，把自己的治班理念和一些具体的思考与其他两位老师商量，并布置具体的任务。

首先，班主任自己要心中有数，不能把班教小组的作用停留在简单地看班、放学上。同时还要带着其他两位小组成员一起关注班级学生，了解学生以及他们身后的家庭，尤其是要研究"超超"们的家庭情况，并合计出一致的教育方法、帮教措施。此外，一个班级值得去做的事务有很多，比如班委会、课代表选举，优秀学生培养，班级文化建设，班级活动组织等等。如何把这些活动一一开展起来，营造出好的班级氛围，这是值得班教小组好好思考和实践的工作。三个臭皮匠，顶个诸葛亮，当班级事务丰富起来、班级氛围充分营造出来后，学生们便会在大同小异的学习中感受到校园生活的丰富多彩。那时，

"超超"们也会逐渐"随波逐流"，感受到集体生活的愉悦和规矩，并逐渐融入班集体生活中。要相信好的氛围能带动人好起来，并改变人的一些坏习惯。当然，要想有效果，一定要三人合力。

2. 打好亲情这张牌

案例中也说了，超超的爸爸因为应酬，很少和孩子交流，但超超的妈妈很重视孩子的成长变化。在案例中的事件发生前，她也早已带着超超进行了心理咨询。当孩子的母亲在努力寻找帮助孩子的方法和途径时，沈老师可以主动和超超的妈妈沟通、联系，除了汇报超超在学校的表现外，还可以带着礼物上门家访。礼物可以让超超直观地感受到老师对他的好。但家访最终还是要对家长进行一些家庭教育方面的指导。对于家庭教育，有的家长其实真的不懂。就像我曾经遇到的一位家长对我说："老师，你让我要多陪伴孩子，可是我没有固定的时间待在家里呀。"他把陪伴简单地理解为"用固定的时间和孩子一起呆在家里"。这时，老师就可以把自己掌握的一些家庭教育方面的知识、技巧、途径，甚至资源告诉超超的妈妈。比如可以建议超超妈妈带着超超参加一些公益活动。我曾经的一个学生在跟着父母去内蒙古参加了一个植树的公益活动后，性情大变，变得静心并专注起来。

3. 打好班主任自身这张牌

如案例所述，沈老师应该是一位学生信赖、有爱心、温和的老师，那么用好自身资源是很重要的。于洁老师默默地为学生买了三年的午饭，也许刚刚开始的时候，学生是没有感觉的，甚至可能会觉得老师多事，但是坚持三年，学生还是被打动了、被感动了。孩子的善良在于，一旦他感受到老师对他的好，他就会自觉自愿地纠正自己的习惯，会自我教育，会为老师考虑。教育是慢的艺术，我们需要有静等花开的那份耐心和信心。

老师的责任心和教育工作者的使命让沈老师发出了"超超，我该怎么教育你"的呼声。我想，我们除了发出呼声，更要学会变化，跟着学生变，跟着体制变，跟着时代变，用好身边的资源，打好三张牌。因为教书育人的路上，我们从来都不是独行者。

第六辑

家校·沟通
——打通共赢之路

6

家长班级——家校合作的"蹊径"

家长向班主任委托"任务"是班主任经常会遇到的事。为此，我也曾经抱怨过。在苏州市名优班主任工作室学习的日子里，我发现，我管着一个班——学生班，却忽视了另一个班——家长班。我想我得发挥家长班的作用。

在家长班级走进班级管理后，我的抱怨化作了兴奋，因为对于孩子的教育，家长们不再袖手旁观，一个月一次的家长班会课也成了班级学生的期待。因为家庭和学校的力量时刻陪伴在他们身边，他们开心地说："这是我们班的福利！"

我也真切地感受到：只有家长参与的教育才是真正有效的教育。

在家长班级成立仪式上，我把班级现状以及我的管理目标、设想和措施用事例向大家做了阐述，家长们表现出了极大的兴趣，他们围绕"参与形式，做些什么，组织人员"等进行了讨论。最终推选出两名家长做班长，随时与我联系。他们最感兴趣的事是家长上班会课。家长积极参与上班会课是好现象，但我不能让风筝断了线。当下我做了规定：家长班会课，除主讲以外必须有家长班级的其他成员参与（不一定全部）；所讲内容必须是书本以外的知识和技能；不能讲到具体学生的学习以及分数好坏；讲课形式可以自行考虑。为了这个规定，我在学生中做了你想了解教科书以外的哪些知识和技能的调查查，并把学生提供的理财、厨房烹饪、女红、志愿者、健身、传统节日等20多个主题发给了两位家长班长。

家长班级组织的第一堂班会课的主题是"品味生活"。在那堂课上，邱妈妈结合PPT，讲述了蔓越莓饼干的制作过程，并带来半成品让学生上讲台亲手操作，感受制作饼干的乐趣。全班同学还分享了她带来的成品。那堂课上，志愿者家长有摄影的，有分发材料的，有整理讲台的，一切都是那么和谐。最后邱妈妈讲了这堂课课前的准备过程，还告诉大家说PPT上的照片都是小邱拍摄的。在家长群里，她说："站好讲台不容易！"

更让我吃惊的是，每天在老师的呼喊和陪伴中才能完成英语重默的小邱，从那以后再也没有出现过被喊着、陪着重默的情况；他妈妈也没有再请我对小邱讲"不要一边弄手机，一边写作业"了。慢慢地，越来越多的家长参与进来，他们所讲的内容也越来越广泛。渐渐地，乘着接送孩子的时间，他们走进班级，发书领书、组织学生打扫卫生，甚至把开学第一天和学期末休业仪式的事情也管了起来。于是即使我外出学习，也不用担心没有人帮我照顾班级了。

在家长们讲了冰箱的制冷和制热系统工作原理后，学生在课间探讨起酸奶机的制作原理；家长们的理财知识课告诉学生不管做什么事情，都要有好心态。家长们上的安全教育课，内容远比学校的安全教育课丰富。家长们用自己的人生经历告诉学生，"没文化，真可怕""站在讲台上的人是给你知识的人，而不是你要恨的人"等等。这些知识和观点赢得了学生和家长的许多掌声。

当别的班家长群在讨论分数、名次，琢磨老师教法的时候，我们班的家长群在上传班级活动照片，布置下一个月的家长课堂，进行志愿者报名，或者下载家庭教育文章和我上传的学习资料。临近中考，每个学生都憋足了劲，家长们也抱成了团，为了共同的目标，大家都在使劲。

中考结束后，我和任课老师们坐享其成地参加了由家长和孩子们精心设计的班级毕业典礼。在学生走红地毯的环节，我也成了全校最幸福的班主任！

有一个词叫作"气场"。家长或许在孩子成绩的提高上无能为力，但他们可以用行动为孩子营造一个充满正能量的气场。家长参与班级管理的行动本身就是一种很好的家庭教育，这既丰富了班级管理的内容和形式，也带着一个又一个家长参与、关注班级管理，甚至是学校教育。家长班级在活动中凝聚了班级家长的力量，又助推了家校合作。大家在心往一处想，劲往一处使的时候，就少有学生无所事事，也少有家长对老师产生这样那样的质疑，因为每一个人的心里只有"做好我该做的事"的想法。

家庭教育和学校教育不是平行线

家庭教育既是摇篮教育，也是终身教育，所以家庭教育在孩子一生教育的过程中起着举足轻重的作用。

按理说，随着教育经验的积累与丰富，教师们教育学生的办法应该越来越多，教育学生也应越来越轻松才对，但身为一线教育工作者，我深感如今的学生不容易教，其家长也"难教"。家庭教育和学校教育似乎成了一组永不相交的平行线，始终不能对孩子的健康成长产生合力。那么家庭教育和学校教育究竟该如何形成合力呢？

一、家长混淆角色对孩子和学校教育的影响

有一段时间，经常有任课老师告状，说班中某同学脏话连篇。他对不愿意听他怂恿而跟老师故意作对的同学，常说的一句话是"你怎么这么窝囊啊"！另外，有孩子可能在课间受到了该同学的辱骂，于是有家长开始来学校告状了。

心理学家认为，孩子在青少年时期产生的一些与众不同的行为，可从其家庭成长环境中寻找根源。通过家访、寻访该同学小学甚至幼儿园老师，我发现，孩子的母亲对孩子呵护备至，在孩子读幼儿园时，她就因孩子与小伙伴之间的小摩擦大闹幼儿园；小学阶段也因不满意班主任和任课教师，换了班。或许这只是个别现象，但彰显了家长的心理——生怕自己的孩子在学校吃亏！有了这样的心理，再加上自己家庭可能有一定的"实力"，所以既希望老师能把自己的孩子教育出适合自己心意的模样，同时又对学校老师一些不合心意的教育方法和手段不以为然。家长把自己处理事务的一些手段运用到了教育孩子上，不是纠正孩子的错误言行，而是觉得孩子能够这样做是有出息的表现。一

旦孩子不能在同龄人中获得认可，就不惜"一切代价"，帮自己的孩子"讨回公道"。每个孩子都是家庭的一片天，父母都会无形中把自己在社会中的角色转化给孩子。有些一旦孩子无法达到目标层次，就不惜越俎代庖。学校教育对于这种家庭的孩子来说实在难以实施，最终受到伤害的还是孩子。

二、家长的虚荣心对孩子和学校教育的影响

一位家长给我发来短信："老师，今天孩子回家很沮丧，因为初中最后一批入团机会丧失了。孩子要求上进，同时又很单纯、很努力，但和成绩优的孩子比，又很自卑。今天尤其，甚至提出不上学的想法，我们很焦虑，请老师多关心。若孩子离团员的标准有差距，请及时给予指出。"家长在发短信时，没有想到这次班级共青团员选举是全班同学参与投票的，他的孩子只得了五票。

事实上，这位同学在班级中的表现确实不那么"讨人喜欢"。他常在课堂上恶搞，用他自己的话说，就是想弄点笑声出来。

苏霍姆林斯基说："只有能激发学生去进行自我教育的教育才是真正的教育。"全班同学投票只得五票，这反映出来的恰恰不是家长认为的老师要多关心，而是孩子缺乏健康的自我意识。而只有健康的自我意识才能实现学生的自我管理、自我调节，进而达到自我教育的目标。对这个孩子进行必要的自我意识与在集体中的互补教育是必需的，若家长能及时分析孩子只得五票的原因，教给孩子一些为人处世、与人友善的方法，相信对孩子来说，是会有所触动的。可惜的是，我在家访时才知道，家长一边给我发短信，一边骂孩子没出息。这位家长有着一定的社会地位，可能认为孩子连个共青团员都当不上，很没面子。一个引导孩子形成正确自我意识的机会就此消失了，我的勉励也逐渐失去作用。

三、家长片面关注分数、名次对学生的影响

小俊妈妈和我交流了半天，我也一直在强调小俊的努力和进步，并提出在一些细节上家长要重视。临走时，她突然流着眼泪说："老师，你一定要答应我，借你的力，帮帮孩子。你一定要答应我，初三了，借你的力，帮帮我的孩

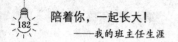

子。"如此反复说了多次，一定让我答应帮孩子考上高中。事实上，小俊七门考试科目在期末的总分是505分，考上高中有难度。

某些家长平时不关注孩子的学习过程，只关注孩子的学习结果，对于老师反馈孩子在学校的真实情况，或置若罔闻或推卸护短。什么样的过程决定什么样的结果，孩子在成长过程中若缺少父母的关注和督促，其结果也是不尽如人意的。

《大学》云：所谓治国必先治其家，其家不可教而能教人者，无之。如果说学校教育在群体教育中承担着重要的责任，那么家庭教育则承担培养优秀个体的重任，所以教育更需要家长用心去经营。只有当家庭教育和学校教育不再是一组平行线的时候，我们的孩子才能在真正意义上接受一流的教育，才能真正成人、成才。

（发表于《苏州家庭教育》2012年第5期）

父母是家庭教育的先行者

　　教育孩子是一个永恒的话题，它是一门没有答案的学问。每次在"林老师"公益咨询活动中，总是有些家长问我有没有"抄近路"的教育方法，或是特别管用的学习方法。我在庆幸家庭教育越来越被家长关注、重视的同时，也会告诉他们：面对个性鲜明、性格迥异的孩子，没有一套简单的、放之四海而皆准的教育方法。每个家长在面对自家的孩子时，只能用适合自己孩子的方法去教育他。但前提是，家长首先要做家庭教育的先行者，而不是问题形成后的咨询者。

一、营造一个良好的家庭教育环境

　　现在的小孩除了上学，大部分时间都在家庭中度过，所以营造一个温馨、和谐的家庭环境非常有必要。比如看电视，如果父母每天晚饭后就守着电视、抱着手机，却逼迫孩子要认真做作业、认真读书，孩子怎么可能做到呢？记得一位妈妈曾委屈地对我说："我一天工作下来很累了，回到家看看电脑、和同事聊聊天，孩子就认为我无所事事，凭什么他还要写作业？"所以，要想让孩子学习认真、专心，家长首先得以身作则。家长可以坐在一旁读书看报，这样既不会影响孩子学习，还可以营造一个安静、温馨的家庭环境，这样的环境才能让孩子安心学习。孩子在家里发脾气，认为大人可以玩手机、玩电脑，为什么自己就偏要被折磨着去做作业呢？孩子的话并没有错，不管是从学校回到家里，还是从单位回到家里，大家就应该是在一个平和的家庭氛围里生活。可有的家长却认为，自己工作很辛苦，在家里玩玩手机、上上网是应该的。事实上，既然你想要孩子静心学习，那么你首先要成为营造家庭氛围的先行者！

二、养成认真做事的习惯

我认为，养成认真做事的习惯是区分学习与娱乐的首要条件。我经常对我的儿子说，该学习的时候你就认真学习，该玩的时候你就认真地玩，这样你才能做到真正的劳逸结合，才能提高并合理安排好自己的学习和娱乐时间。我是这么说的，也是这么做的。儿子读小学一年级的头两个月里，我每天陪伴着他，他写作业、背书、看漫画，我就在一旁读"四大名著"。有时，还会将书中的精彩故事讲给他听。遇到他一时不会做的题目，我便教他先在题目前面做个记号，等到全部习题做好后再回头看（特别是数学，必须要有打草稿的习惯）。如碰到实在解不出来的题目，可以问我，但不可以依赖我。作业完成后，我和他一起整理书包。一个月下来，他养成了先做作业，然后整理书包，再做自己喜欢的事情的习惯，而且这个习惯一直延续到现在。因为有了这个习惯，孩子自然而然地学会了巧用时间。有时候家庭作业在学校里就能完成，他便趁老师下班前拿给老师批阅。剩余时间我交由孩子自己支配——或看电视，或去新华书店看书，或去公园走走……有时，孩子在书本上学到了一些生活知识，比如用电饭煲蒸鸡蛋糕，购买面粉、糖粉、鸡蛋之类的，我大力支持他。这些看似有意无意的作为，在孩子那里就是一个奖励行为，是一个得到肯定的行为。而所有这些，我都是有充分的心理准备的，也会提前安排好自己的事情，腾出时间陪着孩子去做这些事。

三、以鼓励为主，教育孩子做一个肯付出的人

我常对孩子说的一句话是："做错不要怕，说错不要怕。"孩子也是有自尊心的，特别反感家长持续说教。有一段时间，孩子考试考砸了，我常常忍不住说他几句，甚至在学校老师布置作业的基础上，再加点额外作业，结果发现，本来侃侃而谈的儿子越来越不愿意和我聊天，写作业开始"磨洋工"，学习也不那么起劲了。我想，是我的心态出了问题，对孩子的要求苛刻了，所以教育方法也变味了。于是，我改变了策略，帮他分析，和他一同学习，以此来鼓励他。我会将我工作中的收获和孩子分享，比如收到稿费啦、学生来看望我

啦……在向孩子叙述这些事的时候，其实就是在进行一次身教，那就是：有了付出，才会有收获！有了付出，才会得到别人的尊重！这是我作为一个成年人，作为一名家长，必须要走在孩子前面的地方。

四、学会倾听孩子的心声，不要忽视孩子的想法

有的家长认为，小孩子什么也不懂，所以他们总是用强制性或者命令式的口吻来教育孩子。殊不知，小孩子往往比成年人更需要平等，因为他们的思想比较单纯，没有成年人那么复杂。长期的命令和强制，会传递给孩子这样一种信号：原来大人是可以这样的，那我是不是也可以用这种方式对待比我弱势的人呢？也有的家长过分民主，什么事都让小孩子做主，反而会被小孩牵着鼻子走，长此以往，孩子容易是非不分。孩子毕竟是孩子，他们普遍缺乏社会生活经验和阅历，看待事物、与人交往时总是凭借自身喜好。

我也是千千万万学生家长中的一员，当儿子和我的沟通、交流越来越少，当我问他一些事而他总是用"不知道"或"不告诉你"来应付的时候，我知道，问题很严重了。我用自己学到的家庭教育知识，并结合自身的教学经验，不断地提醒自己、改变自己，认真倾听孩子的想法，和他聊学校的趣事。慢慢地，他开始将我当成朋友，不断地向我吐露心声。我很珍惜这种关系，以至于有一段时间，我甚至挤出逛超市、做头发的时间了解兵器知识，看相关的纪录片，就是为了能和孩子聊他感兴趣的话题。如今，儿子渐渐成了一个有思想、有抱负的男孩，很多时候，我会通过举例子，让他明白什么该做、什么不该做，也让他自己学会去辨别什么事是对的、什么事是错的……

和孩子一起成长，是幸福、快乐的；和孩子一起成长，是每一个父母的必修课。在这一堂课里，我们必须牢记"我们是父母"，并以此告诫自己：做好身教比言传更重要，做家庭教育的先行者比做个孩子问题的咨询者更加重要。

（发表于《苏州家庭教育》2017年第10期，总第108期）

教室里来了新老师

随着年龄和教龄的增长，我要怎样做才能站好讲台，成了盘桓在我脑海中的一个问题。这个问题的答案随着我的深入学习和探索，也逐渐清晰起来。和优秀的人在一起，我学到了很多班级管理的策略，班级管理内容也日益丰富。颁奖仪式、主题讨论、一周得意事、积分刮刮奖等班级微活动蓬勃开展，班级生态也越来越好。但我也发现，家长们却乐得其所地把孩子的问题全抛给了我。这可不行！

我深知家长才是孩子成长路上最大的助推器。可是，我要怎么做才能发挥助推器的助推力量呢？

在家访中，我发现很多家长拥有一技之长，有的家长本身就是行业中的佼佼者，他们懂的、会的恰恰是我这个班主任所不懂的，也是书本上没有的，如果能把身边的这些资源为我所用，那该多好啊！在和家长的交流中，我也了解到，有不少的家长也想了解学校的教育，为孩子的学习出点力，但苦于没有路径而无能为力。家长的资源我想用，家长想走近学校教育为孩子加油却无门，我正好可以搭建一座桥啊！有班主任在做"故事爷爷"进班级活动，我从中受到启发，便想到把家长请进学校上生活班会课的点子。

在得到了学校的支持后，我召开了班级家校沟通研讨会。会上，我把我在管理班级中已经做的、正在做的和想要做的向家长做了汇报，并诚恳地请他们也能走进班级，走上讲台，给孩子们讲讲他们的生活经历、工作技能，甚至拿手的生活技能。一番讨论之后，大家推选出"家长四人团"联络员，初定了家长课堂的时间和频次。当我把学生需求的调查结果发给"四人团"后不久，家长课堂第一讲就开讲啦！

第一讲的主题是"品味生活"，具体内容是邱妈妈讲蔓越莓饼干的制作。让我没有想到的是，做服装工作的她，为这堂课制作了精美的PPT。讲到关键处，邱妈妈把带来的半成品交给学生，让他们上台操作体验。孩子们非常兴奋。一堂课结束了，邱妈妈由衷地说："站好讲台不容易。"

邱妈妈上了一堂课后，小邱突然间像换了个人似的，作业拖拉的现象很少出现了。

那个学期，我的班级举行了四次家长课堂，从"品味生活"到"暑期安全教育"，也就是在那个学期，班级的学业成绩有了惊人的进步。

陈爸爸主动申请上家长课堂，他是做冰箱导线的，在业内很有名气。那堂课上，他制作了专业的PPT，向孩子们介绍了冰箱制热制冷系统的原理，还分享了自己研发酸奶机的经过。他说："没文化，真可怕！"这成了班级当季流行语。陈爸爸在家长课堂上告诉孩子们："站在讲台上的不是你要恨的人，而是给你知识的人。"听到这句话，我心里满是温暖。

有意思的是，对学习一直"偷工减料"的小陈，在这堂课后，精气神明显好转。对待学习的热情有了，还愁学业不上进吗？小陈妈妈说，是爸爸来上课给足了他面子，让他有了自豪感，自豪感又激发了他的进取心。

孩子的进步也影响着家长，参与家长课堂的人越来越多，愿意上台讲课的家长也越来越多。

中考结束后，我决定为学生举行一场家长共同参加的班级毕业典礼。我把设计好的方案给了"家长四人团"。他们请我安心做学校的事。就这样，从班级布置到节目排练，都是家长带着孩子们在准备，我则安心地准备着学校的毕业典礼。那一天，我们班的表现最出彩，家长们指导孩子们摆出各种姿态，为孩子们留下了青春年少的美好身影。

中考成绩出来后，家长们纷纷向我表示感谢，但我知道，真正起作用的还是家长，还是原生家庭的那股无形力量。一个班级，三年换了三位数学老师、两位英语老师……但是，没有一个家长不满，没有一个家长挑剔，大家的心往一处想，劲往一处使，都只想着尽力带着孩子往前走。

送走了一届学生，下一届的家长课堂要不要做呢？当然要！

如今，我坚持做着家长课堂，也寻找到了一群班级管理合伙人。他们把插花艺术、急救常识等很多生活知识、行业技能带进了课堂，使学生体验到了书本中所没有的知识和技能。他们说，只要是为孩子真正成长有帮助的事，他们都愿意参加。

家长课堂丰富了班会课的容，也拓展了班级管理的思路，更营造了家校共育的良好氛围。班级管理质量上去了，老师施教的效果也就显现出来了。

家长课堂的实践让我明白：家校合作是需要老师主动出击的；家长参与度越高，投入的感情就越多。班级管理需要家长合伙人。

一路走来，我也渐渐明白：教育是人对人、心对心的事，在与学生相处的三年或六年里，我们或许等不到家长的主动配合，但我们可以做那个打开家校合作之门的开门人。

（发表于《中国教师报》2019年6月12日第11版）

为人父母，你站对位置了吗？

一、改变自己才能养育出健康的孩子

很多时候，我观察到，现在的家长（包括我自己）教育孩子其实不完全是为了孩子，还是为了自己。孩子如果在外面表现出没有教养的举止，会觉得丢人；孩子如果学习很差，会觉得没面子。所以要让孩子从小背唐诗、学英语，上各种兴趣班，上学后请家教、上辅导班，成绩一定要名列前茅，将来一定要上名牌大学。似乎只有这样，父母才认为教育才算成功，孩子才算成才，这其实也是为了满足自己的期望和需求。我曾经教过一名学生，每天家校联系本上的签名从来都是爸爸，他的学习生活一团糟，任课老师们叫苦连天。几次家访，也没有见到孩子的母亲。有一次，我终于忍不住给孩子的母亲打了一个电话。那位妈妈在电话里对我说："老师，我不愿意管他，这个小孩太让我失望了！"我不知道这孩子究竟犯了多大的错，致使妈妈对他决绝到如此地步！最后，看着孩子爸爸无奈地笑，我忍不住约见了那位妈妈。在面对面的交流中，我能感受到那位母亲在单位是一个业务能手，什么事都不甘落后，对自身要求很高，也取得了不少的成绩。但是自己的孩子在学习上一点也不争气，不能为自己争个脸面。每每听到圈子里的人谈论小孩读书的事情，她都尽量避开，她觉得养了这么个不长进的孩子让她很丢脸！

孩子是家庭的延续，但我不认可孩子是父母的未来。父母是父母，孩子是孩子，父母应该有自己的生活，孩子应该有自己的未来！今天的孩子其实也很辛苦，他们弱小的肩头扛着爸爸的理想、妈妈的愿望，甚至还有爷爷奶奶、外公外婆的期望。而在他们真正有了自己的独立思考和愿望时，可能他们自己的未来已经装不下这些了。于是做父母的有必要扪心自问：我们对孩子的要求真的是孩子的理想吗？我们问过孩子的愿望吗？我们尊重过孩子的想法吗？我们是不是把孩子当成了自己的装饰品？我们应该尊重孩子，我们生了他，可他不是我们的财产，只是经由我们来到这个世界。每个孩子都是一个独立的个体和成熟的灵魂，他们需要的是我们的指引，而不是我们为他们定制的人生。

二、为人父母，我们到底要什么？

很多家长一见老师就问："我孩子学习怎么样？这次考试考了多少分？排名第几？"问完之后，孩子成绩好的家长很高兴，喜悦之情溢于言表；孩子成绩稍逊的家长就很失落，急切地希望老师今后能多多关注孩子。我觉得很奇怪，作为父母，难道你们真的只关心孩子的成绩吗？你们不想知道孩子在校园里的生活吗？不想知道他们是否快乐吗？有一段时间，我的孩子放学回来说班里一位同学得了重病住院了。我想这名孩子的父母现在最想要的，一定是孩子快点好起来，至于考试能得多少分已经无所谓了。平时父母也应该有意识地反思，自己到底要什么？对我来说，孩子健康、快乐胜过一切！我会对我的孩子说："读书不是为了考试，而是为了充实自己，让自己见多识广；读书是为了优化思维品质，让自己变得有能力独立思考、处理问题，让自己在这个世界上生活时觉得很充实、很有成就感。"我那位学生的母亲，最后还是听从了我的劝告，"不要盯着孩子的分数跟别的孩子比，要将孩子的优点、特长和别人家孩子的不足比。这样，才会发现自己的孩子是一个心地善良、懂礼貌但学习不得法的孩子"。于是她从孩子家校联系本上的签名开始做起，一天天给孩子带去来自母亲的温暖。我告诉她，学习是孩子自己的事，家长只要做好"家"里的事情就行。到了初三，孩子考上了单招班，在单招班的第三年，孩子考上了本科学院。拿到录取通知书的那天，他妈妈打电话给我说："老师，谢谢您呐，我都没有想到过他会考上大学的！要是没有初中三年您的鼓励和帮助，他不会有今天的！"她在电话那头哭了。其实只有我知道，真正起作用的是她自己，是她营造了温暖、和谐的家庭氛围，才会让学校教育的触角深入孩子的心里面！而做父母的，要的其实不就是这样的皆大欢喜吗？

三、要改变的是家长，不是孩子！

媒体上时常有学生因不堪压力而轻生的报道，我认为，在惋惜、哀叹的同时，更应该反思当下的家庭教育。试想，如果一个孩子缺少对生命的认知（一遇到挫折就产生轻生的念头），没有敢于梦想的能力（自己将来想做什么都不知道），不懂得保护自己（拥有高学历依然被人拐卖），无法与别人共享（腰缠万贯却不快乐），那么，即使这个孩子门门功课考第一，又能如何？塔尖上的孩子确实令人羡慕，但那是不可求的，更多的孩子都只是塔基的一部分。

每天面对不同的学生和家长，我深切地感受到，只有父母的教育观念改变了，孩子才会有改变。家庭教育最重要的任务是构筑孩子的人格长城，用原生家庭的力量帮助孩子建造一个良好的人生平台，让孩子有很好的人格修养，懂得做人、懂得成功的真正含义。一个人要做成一件事，我认为最重要的一点是先要有一股劲儿。孩子的学习、做人也是如此。一个孩子每天生活在"散架"的家庭中，很难保持旺盛的学习精力，很难不被这样那样的"社会现实"所蛊惑，日积月累，就会有"超过年龄"的言行举止表现出来。如善用嘴巴，不善用大脑；关注"当下"，缺乏"将来"意识；记住的是"你们让我做"，而没有"我要尽力做好"的意识。这样的家庭氛围很难成就一个健康成长的孩子。

对于家长来说，在教育孩子的问题上，正确认识自我、改变自己尤其重要。每个孩子都是一朵花，花期有早有晚，有长有短，即使一直不开花也不要急，也许他是棵树呢！如果他注定要成长为一棵苹果树，他最终结的果实就会是苹果；如果他要成长为一棵橘子树，最终就会结出橘子。在他们没开花结果之前，做父母的应该用成年人的智慧带着他们健康成长。

（发表于《苏州家庭教育》2018年第6～7期，总第117期）

父母，你是孩子显摆的资本吗？

五月，班级家长课堂的主题是"感恩在身边"。

特殊教育学校的顾老师教完手语歌《跪羊图》后，就进入父母讲课环节。

航航妈妈讲述了她年幼时会主动承担一些家务活为父母分忧，现在每天送航航上学，一路上航航会对她说"电瓶车开慢一点"，每次听航航这么说，她都很开心。航航妈妈告诉同学们，这就是感恩。

乐乐妈妈说，自己是一个外乡人，总觉得被人看轻。乐乐出生后，家里的争吵也多了起来。最近的几年里，自己一直在学习，心中便有了一份淡定，在家人面前，也学会了克制自己的情绪，因为每个亲人都不容易。如今，她也为乐乐的学习焦虑，但每天还是会为他准备好醒脑花茶，还把乐乐称作"殿下"。在场的家长和孩子们听到这儿都笑了，乐乐离开座位跑上讲台拥抱着妈妈傻笑。坐在前排的小朱同学带头拍手鼓起掌来。

放学时，小朱等候在教室门口，瞪着小圆眼睛一本正经地问我："老师，为什么我的父母跟他们的父母不一样？"连问了三遍。看着他很想知道答案的样子，我恍悟刚才小朱听课的眼神里，流露出来的是羡慕。他是在羡慕讲课的家长和孩子的亲切样子？还是羡慕这些同学的父母能走上讲台讲课？可能都有吧，但我知道他父母一个在超市工作，一个在小区做保安，他们的工作时间都无法保证每天都和小朱在一个频道上。于是我对他说："爸爸妈妈工作情况不一样，要是有了空余时间，他们也是会关注你的。""老师，他们从来不会关注我，和别人的父母就是不一样呀。"看着他委屈又不罢休的样子，我对他说："这样吧，到底哪里不一样，你写在纸上，看我能不能帮到你，好吗？"小朱嘟哝着说："好的，反正他们就是和别人的父母不一样。"

第二天早上，我刚走进教室，小朱就递给了我一张纸。我打开看，上面写着："我的父母从来不管我，平时都是奶奶带我。奶奶做饭给我吃，做作业的时候，爷爷和奶奶坐在我旁边。有时候，奶奶病了，爷爷去医院看奶奶，我还要在家里给他俩做饭呢。平时父母也不管不问我的学习，他们在家里要么睡觉，要么玩手机。"

这不是其他孩子想说却没有说出来的心里话吗？

在工作中，我发现这样的家长还真是不少。他们希望孩子是他们在亲朋好友面前显摆的资本，但是从来没有想过自己是不是孩子在伙伴面前显摆的资本，自己是不是孩子心底那个引以为豪的爸爸和妈妈。很多孩子说，在家里父母对他们说得最多的话就是："考了几分，快点看书，快点写作业，快点……"极少会以尊重的方式和孩子和言细语地交流生活的琐事、学习的趣味。

记得2017届学生毕业前最后一次家长课堂上，小俊的爸爸说："其实，我的儿子是完全可以胜过我的，我当年大专毕业后分在事业单位，就觉得从此可以一劳永逸了。在小俊毕业之前，我打了七年的游戏，根本没有想到要好好培养孩子，真的很对不住他。现在后悔也来不及了，孩子错过了该有的成长期，我是失职的爸爸。"是啊，一旦错过了孩子几个关键的成长期，后补再怎么使劲，都是很费劲的。

我对小朱说："这样，以后家长课堂我就单独邀请你爸爸或妈妈来听课或者讲课，你呢，也要想办法鼓励他们也来参加我们的专属福利——家长课堂。"小朱说："要是他们不肯来呢？"我说："我负责让他们来，你呢，就负责让他们认真听，或者认真准备讲课的内容，好不好？"小朱笑了。

一个孩子身后站着上进的父母，这个孩子一定会有上进的底子；一个孩子身后躺着懒散的父母，那么习惯培养和外界教育便只能弥补孩子懒散的不足，很多时候是无法改变孩子懒散的根基的。因为孩子的自律首先来自父母的自律。所以，请父母们少动嘴说教，多身教做榜样；多比比孩子的昨天、今天和明天；少拿分数说事，多让孩子参与家庭生活，让孩子有更丰富的生活体验；少要求孩子一定要做到什么，多想想自己能不能成为孩子在伙伴面前显摆的资本。

家庭是孩子人生的起点

孩子的成长需要家长的悉心栽培，孩子成长过程中的学习生活、习惯养成、为人处世等准备工作都是从家庭开始的。很多家长常常忽视这一点，孩子一放假，父母也开始放假了。其实，孩子放假后，家长应该比往常更加辛苦，因为原本白天的学校管理重任转移到父母手里了。

每个星期一，对大多数老师来说，是在烦恼中开始一天工作的。这个孩子说作业没有做，那个孩子说作业漏做了；这个说作业忘记带要来打电话让家长送来，那个又说本子忘记带回家补齐了再交吧。更有甚至，急匆匆赶着上学，一进教室就打瞌睡。还有不吃早饭，家长反过来关照老师给孩子准备点心的。而这一切不是因为孩子不会，而是因为父母对孩子的教育不够充分的。

对孩子来说，在缺少监管的家庭教育中几乎就是凡事由自己做主，可是年龄决定了他们的见识、行动是缺乏时间和任务观念的。家庭教育首先是生活教育，那么在家庭教育中，家长怎样才能为孩子树立榜样、做好人生的准备工作呢？

一、给孩子家的体验

家庭养育的契机无处不在。当孩子入学接受学校教育时，家庭养育目标就显得尤为清晰了。很多家长说，平时因工作忙碌，孩子又在学校忙于学习，和孩子相处的时间十分有限。家长的话没有错，平时大家各忙各的，的确没有足够的空余时间和孩子聊天、互动，那么不妨在双休日、节假日里寻找契机。父母可以预先将假日里的家庭生活设计好，比如，和孩子一起做做家庭美食；带着孩子一起出门骑车、散步、打球；聊一聊孩子喜欢的话题。遇到传统节日，带着孩子去看望父母长辈，或者邀请亲朋好友来家中聚聚。这些细小而热闹的家庭生活事件，都能给家庭带来富有人情味的生活气息。这种和谐的家庭氛围是最温馨的，也是孩子心中理想家庭的模样。从这样的家庭走出来的孩子，往往更懂得热爱生活且富有责任感。

二、教孩子时间管理

星期一的忙乱，大多是因为双休日的时间分配出了问题。孩子的年龄特点、环境的影响决定了他们无法做到自觉地开展行动，而是需要家长的监督。怎么监督呢？家长要在时间分配上做做文章，结合具体任务，指导孩子学会分配时间，让他们学会在规定的时间段里做规定的事情。这样的指导带有训练性质，也是考验父母耐心和毅力的一个机会。通过一个阶段的指导，孩子若能做到有效分配自己的时间，那么他也就学会了时间管理最基本的办法。

除了理性的训练，父母还可以结合自己日常生活中的做事习惯来指导孩子管理时间，即让孩子学会什么时候做什么事。我读初中时，学过华罗庚先生写的《统筹方法》一文。学了这篇文章后，我发现我的母亲在做家务的时候，就在用统筹方法。比如，在灶上做饭的同时，她会把晾晒的衣服收好、叠好；到河里洗菜的时候，她会顺便带一桶水；农忙时节，我母亲会利用中午休息的时间割青草晒草干，这是可以换钱或做柴火用的。所有这些事，她都做得忙而不乱。如今，我做事也是这种风格，一天什么时段做什么事情心中自有安排。比如，中午看班时我就批阅作文，顺便把面批的事也做了。虽然备课、上课、批阅作业、外出培训、撰写心得等事情也不少，但总是能忙而不乱地按照时间先后一一完成，现在想来，这和小时候得到母亲的身教是不无关系的。

三、带孩子学会阅读

在日常工作中，经常会有家长来向我求助：初一的孩子不会写作文，有没有办法让孩子会写作文？孩子阅读理解题不会做，有好的办法吗？孩子不愿意阅读，看的书少，有什么办法让孩子爱上阅读？遇到这些问题时，往往家长心焦、孩子淡定。

孩子对学习的兴趣最初是从认字开始的，亲子阅读是能帮助孩子在故事里认识很多字的。幼儿阶段，一个孩子如果认识的字多（这里的认字仅指会根据字形读出字音），他的学习兴趣也就从此开始了。

对文字的认识、理解甚至咀嚼是需要一个循序渐进的过程的，在这个过程中，父母对孩子进行阅读指导是非常有必要的。其中，亲子阅读是很好的指导孩子爱上阅读、爱上学习的方法。亲子阅读是和孩子一起读孩子喜欢读的书，说孩子愿意说的故事的方式。既然孩子愿意，父母又何乐而不为呢？

我一直记得我的侄女还没有上幼儿园的时候，家人就将一些印刷精美的挂历拿给她看，教她读上面的广告词。没过多久，小侄女就能倒背如流。随便翻开哪一页，她都能用手指着一个个字读出来。旁人都称赞她，这些称赞也让她越读越有劲儿。上幼儿园的第一周，小侄女看到老师挂出来的图画，就自己走上讲台，指着图画旁的一个字说："这个字是'盐'。"引得老师连声赞叹。

在亲子阅读中，家庭教养的质量也会潜移默化地提升，父母的培养意识和行动也会越发明朗，孩子体验成功的台阶也会呈螺旋式上升。如果将阅读当成作业和任务来完成，那是很无趣的，孩子也是不会喜欢的，很多家长的求助也说明了这一点。所以，引导孩子爱上阅读，需要家长做个有心人，用心为孩子做好阅读准备。

身教胜于言传，孩子的言行举止无一不受到家庭的熏陶。如今，家庭生活内容丰富多彩，生活方式和生活质量也优于以前，但同时诱惑孩子的东西也越来越多，所以父母更要用心做好家庭教育的功课，在孩子人生的起点上做有效的准备。

（发表于《苏州家庭教育》2019年第5期，总第127期）

我是这样做成家长课堂的

在过去的日子里，我继续在"每日一记"里和学生聊天聊地聊生活。在这个私密的聊天空间里，我和学生的感情也得到了最大限度的亲近。当我暗自庆幸终于找到了一条通向学生心里的路的时候，那几个戳你心窝的少年却还是惹得你有气不能撒。

50多岁的英语老师又急吼吼地来告状："小戴课上什么也不做，趴在桌上哭了一节课。"原因很简单，就因为英语老师说了一句"我们开始默写了，你还在找默写本，以后准备工作要做充分些"。小戴，瘦高个子，挤在班级队伍里，总是蜷缩的样子，好像很怕什么似的。秋游的小组搭配，因为没有参与同学的搭组活动而落单，委屈得不想参加秋游活动了。虽然她妈妈反复动员，但效果很差，最后还是通过家访解决了这个难题。此刻，我决定进行家访。都说一个表现异常的孩子背后一定有一个有问题的家庭，我想找到那个根源。

同事们善意地提醒着："晚上不宜家访，当心好心没有好报哦。"

都知道教育需要家庭、学校和社会三合力，但真正能为合力发力的人还真不多。家校矛盾总时不时如雾霾般绕在我们的身前背后。谁来做那个牵头的人呢？我想试一试，做那个家校合力的牵头人。

这一次戴妈妈和我聊了很多，她说孩子在集体生活中表现出的是胆怯而不是内向，是她自己把孩子给吓坏了，因为从小便给她灌输"不要和陌生人说话""门外边都是坏人"的观念。

她很焦虑，想为孩子做点什么。我又何尝不是这样想的，但用什么办法呢？小戴妈妈有会计证、导游证，还有教师证，这些都是她大专毕业后自己一个个考的。如果把她获得这些证书的过程展示给学生和其他家长听，不就是很好的励志故事吗？

学校课程中所学的知识，并不能满足学生的实际需要。高手在民间，每一位家长都有自己的拿手绝活，他们可能具备某一方面的专业知识，也可能有居家生活的技能，也许有更高层次的可看可学的知识和道理，这正是学生想了解而老师不能及时给予的生活知识啊。多次修改方案后，班级家长课堂应运而生，戴妈妈是主要联络员。

家长课堂开启了我们班级家校协同的管理模式，家长们走进班级，走上讲台，为学生传授、示范生活知识。点心的制作开启了"品味生活"的第一课。他们讲述的传统节日生动有趣，虞山十八景在他们嘴里化作一幅幅山水画，理财知识把孩子们听得不停地咂嘴巴，他们讲的假期安全教育知识远比学校老师讲的知识要丰富、要翔实、要实用。

家长课堂丰富了班会课的内容，班级的角角落落都弥散着好心情。学生说，家长课堂是我们班的专属福利，这是让其他班同学羡慕不已的福利！

我也找到了一群班级管理合伙人。一个班级50多个学生，家长的学识修养、对家庭教育的重视程度是参差不齐的，在对孩子进行教育的过程中，会有不少情况发生，他们面对这样那样的问题只能干着急。家长走进课堂，他们之间开始互传家庭教育的经验，互补应对措施，家长走上讲台上课，本身就是一种言传身教。他们用自己的行动告诉孩子——我们很关注你！后来，他们总结了家长课堂的意义：在孩子面前显示自己的本事，让孩子产生自豪感，而自豪感又激发了孩子的进取心。可见，原生家庭的无形力量对孩子的成长是多么的重要。

除了讲课，他们还把组织班级毕业典礼的事情也一起做了。临别前，邹爸爸对我说："老师，我从您这里，真正懂了什么是'培养'。"陈爸爸向我提议："在这个课堂里，我们是家长，最终也成了朋友，孩子们也有了更多真正的伙伴。大家互相学习，共同进步，所以请您在下一届带的班级里继续做这件事，这么好的方法一定要传承下去。"他是这么说的，我也是这么做的。直到现在，关键时刻，他们总能给我做下去的力量，感谢他们！

孩子们毕业了，但家长们还在和我一起做着这件有意义的事。戴妈妈激动地告诉我，由她牵头的女儿高中班级家长课堂进行了一个多小时，她又找到了当年的感觉，她和孩子又成长了一次。

我又何尝不是这样呢？起初是拉着家长们走，有感于他们内心里的无奈、矛盾和恐慌，后来是他们感动并感染了我，在一次次的成长中，我也时刻提醒自己：坚守的芳华才芳香。

深夜，家长群有一则留言

早上到校，打开手机，才看见前一天晚上家长群里有一则留言，是小聪爸爸写的："现在是晚上12点了，孩子作业还没有做好。我们读书的时候就在说减负，到今天反而越来越重了。孩子睡眠不足，哪来精力读书？长身体的年龄，学校能不能少布置点作业？"

课间，我从学生和任课老师那里了解了一下前一天的作业数量；放学的时候，请学生写一下前一天开始写作业的时间和完成作业的时间，大多数同学是在6:30左右开始写作业，有三位同学是在晚上10点以后完成作业的。小聪就是其中最晚的一位，但他是晚上9点多才动笔写作业的。

当天晚上九十点钟的时候，小聪爸爸又在群里说："我终于知道昨天我儿子为什么做得这么晚了。要做错题，一定要做在规定的错题本上，错题本没有，让我去买。我办好其他事的时候，文具用品店都已经关门了，只能凑合着用了其他本子，不知道会不会让孩子重新做。难道用了规定的错题本就能考出好分数吗？我们带着三个小孩，上班都来不及，哪有那么多时间买这买那的，学习的事只能靠学校和老师了，请学校和老师以后统一买吧。"

几位家长好心地劝道："错题整理平时是要做的，平时来不及就不要做了，双休日补一补。"他反问道："为什么要双休日补？双休日不是应该用来休息的吗？孩子长大后，当他回忆这段只有写作业的生活时，会觉得有意思吗？我只希望我的孩子健康快乐地生活。"群里一片沉默。

读着这则短信，我告诉自己要"冷静"。学生的错题整理，任课老师不要求天天交，但是他们会随机抽查，对那些错得多的学生，他们会放宽要求。小聪虽然有点消极，但学习这点事，对他不是问题，况且，这种事和老师说一声就可以解决了。我想知道家长的怨气因何而生。

一、分析原因

1. 心疼孩子

看到孩子因为写作业而睡得那么晚，家长心疼孩子，也担心孩子的健康，因担忧而生怨气。

2. 推卸责任

我在和小聪的交流中得知他爸爸那天晚上迟归，主要是因为去接了妹妹，然后和现在的妈妈试婚纱去了，买本子是顺便做的事。家长自己心里是清楚的，孩子就是因为等他的本子才等到很晚的，但他不愿意承认是自己的原因，便把怨气撒向学校和老师。

3. 制造舆论

在群里发出怨声，本想得到一点舆论支持，但看到其他家长说自家孩子早做好了，觉得原本的目的没有达成，于是心生怨气。

4.教养失当

孩子学习的准备工作是要从家庭教育开始做的。小聪做事很死板，没有错题本就死等本子，没有先把其他作业做了。这一点让爸爸觉得心烦。

5. 心情不顺

再婚家庭的事情确实很多也很微妙，这些都是会影响家长心情的。

6. 性格使然

有的人遇到不顺心的事就会抱怨，一旦抱怨不被他人待见，抱怨便会更多。

二、化解方法

1. 家校沟通

家长已经有这样的不满情绪了，而且在家长群里"发飙"了，班主任没有理由坐视不管。可请家长到学校，和任课老师一起，坐下来就事论事地说一说这件事。比如作业是不是真的很多，比如错题整理的要求、检查时间、整理时段等。另外，在群里说这些话，如果被其他孩子知道并当作笑料，那对自己孩子的损害不是更大吗？把这些说开了，一般情况下，家长是会理解的。

2. 指导方法

指导家长为孩子的时间管理做一点具体的事。比如，开始写作业的时间；实在不会写的就做好记号，第二天问问老师；等等。

3. 控制舆论

在家长群里的话，有的家长会说给自己的孩子听，为避免扩散，导致班级孩子沸沸扬扬地议论，我会请其他家长不要过多说这件事。这也是保护小聪的一个办法。

4. 班会讨论

可以借着班会课的机会，举行一次关于时间管理的主题班会，以引导学生学会管理好自己的时间。

三、反思：家校沟通的注意点

（1）沟通要真诚。要真心实意地让家长感受到，老师是很重视自己反馈的这件事的。

（2）措辞要委婉。本着处理问题的原则，措辞要委婉。

（3）目的要明确。沟通的方式有很多，但目的一定要明确，最终要解决问题。

（4）建议要中肯。给家长提出的一些建议要就事论事，寻找突破口，说到家长心里去。

（5）备课要充分。在和家长沟通前，要对事情的来龙去脉，学生平时的作业习惯和速度，任课老师每天布置的作业量做到心中有数。要通过孩子对其家庭情况做充分的了解。

其实，我当天先在学生中了解了他们前一晚开始写作业和完成作业的两个时间点，全班只有小聪是从晚上9点半开始做的。小聪说，爸爸他们送妹妹去学舞蹈，还去试了婚纱，回家晚了。

小贴士

　　遇到家长的质疑，甚至故意刁难，做班主任的一定要冷静对待，厘清事情的来龙去脉，从侧面把事件了解得越详细越好，然后主动沟通，还原事件真相，表达共情，如此方能把事情处理妥当。

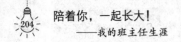

用爱养二宝，用心育大宝

这几年，随着二胎政策的放开，身边的二宝如雨后春笋般冒了出来。一时间，看看班级里不少学生已经有了弟弟或妹妹，和他们谈及弟弟或妹妹时，倒也没有觉得他们有什么不开心的。但是当和他们的父母聊起来时，大多数父母会说，自从有了二宝，大宝喜欢作了，不让他们省心。

在准备要二宝前，要不要反复征询大宝的意见？

小菲的妈妈在暑假开始的第二天，给她生了一个弟弟，小菲很兴奋，早早地把这个消息告诉了我。我有点好奇，身边不少家长在生二宝前会征求大宝意见，大宝们或反对，或同意，也有无所谓但心里有点酸酸的孩子。这样看来，小菲倒像个例外了。

家访时，小菲妈和我聊了这个话题，她说："生不生二宝是夫妻之间的事，没必要反复讨论，甚至非要征得大宝同意。我是在怀上后直接对小菲说，她要有一个弟弟或妹妹了。"想想也是，反复征询大宝的意见，只能在大宝心理叠加"有一个人会来和我抢东西"的暗示。

"虽然也听到外边很多人说，有了二宝，大宝好像会有点问题，但我从怀孕开始时，就一直和小菲说，她小时候在妈妈肚子里也是这么一天天长大的，有时还让她摸一下我的肚子。"小菲妈妈很自豪地说。

到了初二，有一段时间，小菲常会和我聊父母会为了弟弟睡不好觉的事。比如弟弟晚上哭闹啦，弟弟发烧啦，弟弟尿床厉害啦，看着爸爸、妈妈睡不安稳，她想为他们分担点。第三次家访时，她妈妈告诉我，小菲胜似一个小娘，弟弟的事她要抢着做，像换尿不湿之类的事。但他们怕耽误她学习，不让她做，可小菲非要做，也不知道这孩子怎么这么喜欢做这些。我猜想，除了小菲的善心，她妈妈之前做的正面思想工作也在起作用了。小菲看着父母养育弟弟的辛苦，心里想的是自己曾经也让父母这么操心过。

一个孩子的到来，对于一个家庭来说，是一件既辛苦又幸福的事，小菲妈妈却从一开始就在做这样的准备了。

不要拿大宝的所谓不足和二宝的可爱做比较

面对二宝，有的大宝会表现出很喜欢的情绪，也有的会表现出对二宝的极度讨厌甚至是"恨"，我的学生小晗就属于后一种。

小晗从初三开学以来，到了学校除了睡觉就是睁着惺忪的眼睛吃东西。沿着人中线，从额头到下巴都是糜烂的豆豆，结疤了被他抠开，一个学期一直这样。

寒假，我去家访时才知道他还有一个两岁的弟弟。他妈妈见到我就抱怨："这孩子越来越不听话了，成绩也越来越差了。我天天在对他说，学习要靠自己，要努力一点，多说几句他就摔门发脾气。还总是和弟弟争，小的虽小，倒是懂事，没有就没有，也不和他争。他这么大了，还这么不懂事，唉！"

都说孩子的心眼小，要是妒忌起来，怎么会想到自己比弟弟妹妹大几岁呢。班级里另一位小成同学就是这样。长得人高马大，但"折磨"起妈妈来也一点也不含糊。每天一定要妈妈坐在身边，他才肯写作业。晚饭后，妈妈看护年幼的小宝，没有时间陪小成写作业，他就不写了，甚至说"她可以等弟弟睡着了再来陪我写作业呀"。

我想，小晗是在担心弟弟把属于自己的那份宠爱分去了一部分。父母如果对二宝赞许有加，对大宝的批评和指责可能也会多一点，这些都是大宝担心和恨的来源。日子久了，他觉得自己是孤独的，于是想做一点与众不同的事引起父母的关注。

当我把这些分析给他父母听的时候，他爸爸说："想想也是，这个孩子变坏就是从二宝出生后开始的。那时，我也有问题，忙的时候，遇到老师告状，就会打他，我还打过他耳光呢。"

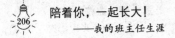

　　是呀，现在出生的二宝，和大宝的年龄相差比较大。在父母看来，这时的二宝还小，需要细心照顾。但孩子的心是敏感的，父母一不留神脱口而出的话、生硬的语气语调、话语里的比较和指责，都会让大宝心生不满甚至恨意。所以，二胎家长更要用心养育大宝。

沟通不一定都要说话

　　"如果'每日一记'是用来打小报告的，我看还是不要让学生写了吧。"周日上午，小谭家长在家长群里发了这么一条留言。从以往的几件小事来看，这位爸爸对老师的言语、学校的通知等是要反复琢磨的。

　　曾经有几个孩子放学后在校园里滞留了45分钟，于是我提醒家长要教育孩子放学后就出校门，如果一时有事来不及接孩子，请跟我说一声，我来安排好。小谭爸爸用"我很忙，这个点没空接孩子"做了回复。曾经有几个孩子早上六点半就到了学校，我提醒家长可以让孩子多睡一会儿，不要这么早送孩子到学校。小谭爸爸用"我们很忙，只能这个点送孩子到学校"予以回复。

　　此刻，其他家长都很安静，他们把答复的位置和时间留给了我。

　　对于和家长的沟通交流，我的原则是止于孩子的教育问题。所以，在真诚沟通的桥梁搭建起来之前，老师的解释在有的家长看来都是狡辩。

　　一周五天，我和班级的每一位学生都有交流，形式就是"每日一记"。写不是最终目的，其实我是想用这个方式给孩子们一个发泄的渠道，当然训练写作能力是附带功能了。孩子们很少会主动把"每日一记"本给家长看，有的家长出于好奇会在孩子睡着后偷偷地看。小谭爸爸说"每日一记"是打小报告用的，显然另有隐情。

　　有的孩子会在"每日一记"里反馈一些班级情况，比如，早上谁在补作业，跑操时谁在说话，午睡时谁在吵闹……遇到这种告状性质的反馈，除了个别谈心外，我会在留言里写上："除了这些事，你也可以悄悄地告诉我他的一两个亮点哦。"这样留言是想引导孩子们区分发泄和告状，也鼓励孩子多告红状，多写写身边的好人好事好氛围。

"王某某，那天中午你自己也在讲话，怎么就写我家小谭？"小谭爸爸又发了一条。

我想起来了，因为上周四中午一点要参加党员会议，我就请值日班长小磊坐镇，维护午睡秩序。还特意叮嘱他，要是有同学睡不着，只要没有发出声音就不用记录；要是有同学不睡还发出声响影响到别人午睡，就是破坏了班级纪律，那就把名字写上黑板提醒他一下；如果还有什么意外的事发生，就到隔壁办公室找其他老师帮忙。以我对学生的了解，只要名字被写到了黑板上，他们一般就不会再发出第二次声响了。会议结束后我走进教室，看到黑板上小谭的名字，但是很模糊，显然是被擦过了。就随口问他说："你今天不想午睡吗？"他盯着我说："是呀。""不想睡就闭目养神好了，可不能弄出声音来让别人也睡不着哦。"小谭点头："知道了。"

第二天，好几个学生在"每日一记"里写了这件事。原来小谭说个不停，小磊就按照我的方法把他的名字记在了黑板上。小谭就走上讲台要擦掉，小磊铁面无私不答应，结果两人直接推搡起来了。放学后，我把两人请到办公室教育了一番。小磊说自己也有责任，遇事不冷静，没有到办公室找其他老师帮忙。小谭说，是自己的问题，心里想的是反正今天我不是值日班长。那天放学时，两人向全班同学道了歉。

班级管理的两大显性阵地是卫生和纪律。我深知，班级纪律完全放手交给学生自主管理是不行的，所以我教给了小磊处理的方法，小磊依葫芦画瓢的方式我不想质疑，因为每个孩子都是从会到不会中学会技巧和知识的。其实，真正违反班级纪律的总是那几个，这件事对于我来说，是一个对全班学生进行纪律教育的好契机。

学校教育需要家长的配合和监督，家长的配合能让学校教育的效果更佳，家长也能随时发现孩子在集体生活中的真实样子，并在其中寻找到实施正向家庭教育的契机。家长的监督能使学校教育的发展更积极，使教师施教的言行举止更规范。但是，如果把监督做成了质疑甚至是无限制的挑刺，那这样的监督就变味了。孩子们反馈课堂纪律，是他们是非观形成的表现，是值得赞许的。教育需要宁静的氛围，所以，对这样的事，老师做再多的解释都是画蛇添足，于是我请群主屏蔽了那两条信息。有时候，无声表达也是一种有效沟通。

打铁还需自身硬

最近，网络上传开的几个侮师事件成了大家每日谈论的焦点，很多老师认为现在的家长戾气很重。百度了"戾气"一词的含义，显示"可以理解为暴戾之气"的意思，是偏向走极端的一种心理或风气。从这个意义上来说，家长和学生的戾气多是来自个体心理和现在的一种风气。

推手一：独生子女

独生子女，因为"独"，所以格外宝贵，甚至任何时候都不能吃亏，不能受委屈。有了这样的意识，家长就无法理性地区分孩子在家的"独"生活，和在校的"伙伴"生活了，一旦孩子遇到一点事情，就容易因走偏而爆发。

推手二：媒体导向

媒体在报道校园事件时，因报道角度不同，往往使事件的结果成为大众关注的焦点。于是，教师在日常工作中的一些正常督促行为在旁人看来会变得有点不近人情。

推手三：择校热

教育资源的均衡发展是需要时间的，在暂时还不能均衡发展的情况下，与之对应的人人都想选好学校，想选好班级、好老师的矛盾便出现了。有些没能如愿的家长，一旦孩子在学校里碰到了不顺心的事，便会怨气四起。如愿的家长，为了孩子费心费力，要是孩子在学校里学习出了问题或遇到了什么不愉快的事，他们能不怨吗？

推手四：家校沟通脱节

在孩子的成长中，家庭教育始终是要摆在第一位的。孟母三迁、岳母刺字，讲的都是这些道理；而《曾国藩家书》告诉我们，教育子女为人处世做学问的道理，必须是家长身体力行并亲授。学校老师对学生的教育，偏向学科知识和思维品质的训练，而对学生思想道德的教育是在学科教学中点滴渗透的。如今有些家长把孩子送到学校后，认为只要孩子在学校，孩子的事情就是学校的事也是教师的事。曾经听到有家长说："现在的老师也是的，小孩读个书也这么麻烦，一会儿开会，一会儿被请到学校，我们家长不要工作、不要休息、不要吃饭了吗？"

推手五：个体心理（性格和炫富心理）

如果有些家长或者他们身边的一些亲属，性格暴戾的话，那么他们看待问题就会比较偏激，喜欢把小事情搞大，而那些财大又气粗的人更是如此。有时候，十几岁孩子之间的事情，家长非要出面"摆平"，教师的处理一旦不顺其心意，家长"戾气"顿发。

推手六：教师自身

家长对于教师的尊重，大多是因为教师掌握的学科知识和应试技巧，而很少是因为教师自身的人格魅力和学识修养。但在教师队伍中，确实有自身业务水平不够好、师德修养不够高的人，而这些教师日常的言行举止都被家长和学生看在眼里、听在耳里。也有的教师自己上进心很强，见不得学生调皮捣乱影响班级纪律，也见不得学生不上进还要惹是生非，在教育这些学生时，暴力语言脱口而出，引得孩子不满，家长更加不满意。

学生的戾气，很大程度上是受了家长的影响。娇生惯养的生活环境，性格乖张，不愿意吃亏、不愿听"忠言"，加上电子产品的使用又让他们有了结交的"伙伴"，影视剧中的"大哥""义气"，他们一学就会，父母离异后家庭教育的缺失、亲情之爱的缺失，等等，这些都或多或少会给他们的品行中加入戾气的成分。

所谓打铁还需自身硬，遇上充满戾气的家长，教师除了要提高自身修为外，更要发自内心地告诫自己，做好工作是本分，善待学生是高尚。很多教师自己也是家长，应当更加明白做父母的不易，若能站在这个角度去看待家长一时的戾气，也是教师的一种胸怀。引发家长戾气爆发的导火索，是绕不开有关孩子学习的。所以，以生为本不是一句时尚的标语，它要求教师在工作中，真正把学生当成一个个独立的人来看，研究学生，研究他们的心理，不断学习，不断反思，形成有效的教育教学策略。唯有如此，教育智慧才会在关键时刻闪现。

我们唱个双簧吧

决定去小石家家访，是因为他妈妈说她需要我的帮助。

小石妈妈说，不管自己对小石怎么好，在家里小石都很少和她说话，也不太愿意和她说话。寒假里，小石妈妈偶然发现小石喜欢上了一个女生。小石在早恋，这让他很担心。

星期五晚上，我到小区门口时小石已经候在那里了。他开心地接过我递给他的一箱牛奶。一路上，他告诉我他妈妈刚刚到家，外婆和弟弟也在家里。他家住在31楼，进电梯前，他说："老师，站在电梯里耳朵会有点闷，你要张开嘴啊。"

出电梯时，他妈妈已经从屋里迎出来了，"听说您要来，小石非要到小区门口接您"，说着欲搂小石的肩进门，而小石却避开侧身进了屋子。

家里装修得富丽堂皇，收拾得也干净整洁。爸爸不在家，妈妈抱歉地说，孩子爸爸还在工厂里，要九十点钟才能回家，一个厂子四百多工人都是他们俩自己管理。我唏嘘着夫妻俩的艰辛，也说了小石在学校里可圈可点的表现以及我的担心：孩子学习劲头很足，但不会学习，就像一个人很兴奋地要进门，却找不到那扇门，而且他偏科很严重。

他妈妈说："我每天早上都安排孩子朗读十分钟英语，一直坚持到现在。孩子不愿意补习数学，自己也不会教，现在这个情况该怎么办呢？"听得出来，妈妈是关注小石学习的，但心太急了，催得紧而引得小石心烦。

我告诉她，好成绩不是靠补课就能获得的。数学学科重在训练，现在小石数学学科弱一点，如果每周把错题做起来也是会有很好的效果的。说完，我用眼神询问小石，他点了点头。妈妈在旁边催促地问："你自己能不能做到双休日整理好错题？"小石低着头不说话。

每个孩子都有自己的节奏，他想要做好的事，不用父母催促也会做得很好。我请她不要焦虑，要相信孩子一定能做得到，因为小石不笨也不傻。

这时，他弟弟在一旁插话说："他不说话的，要看电视也总是让我打电话给妈妈，其实是他自己要看电视。"妈妈这时也对他说："以后你要看电视，喜欢吃什么，自己跟我讲，不要让弟弟跟我讲，好不好？"小石点着头不作声。我感受到了小石和妈妈在情感上是有距离的，只是这个距离是从哪里来的呢？

在一番鼓励后，小石认可了我提出的办法并表示自己是可以做到的。小石妈妈这时才松了一口气，并和我聊起了家常。

她说，当年夫妻俩为了创业，把年幼的小石留在了老家，直到八岁要上学了才把他接到身边，心里一直愧对于他。现在，厂里忙的时候要凌晨一两点才能回到家里，但孩子第二天早上那点事她从没落下——调好起床时间、做早饭、安排英语早读……不管自己有多累，心里只想补偿他。

妈妈讲着哽咽了，小石的眼睛也湿湿的。小石曾经是个留守儿童，八岁前和父母分离。心理学告诉我们，分离造成的情感断裂是难以修复的。分离尤其是幼年的分离，使父母在小石眼里成了熟悉的陌生人。小石妈妈不知其中缘由，盯着他要学习要分数，期间可能还有令小石不舒服的语气语调出现，小石自然更要对她敬而远之了。好在小石妈妈是愿意学习的，那时她已经跟着我在学习正面管教课程了。当即我请她今后不要勉强孩子，更不要为了学习、为了分数喋喋不休，心里再着急也要先管理好自己的情绪，不要让脱口而出的暴力语言伤了孩子的心。八岁以前没有建立起母子亲情，那么今后要更加用心对待孩子。

在我的引导下，小石妈妈在我面前如数家珍地说小石怎么懂规矩讲卫生，帮外婆做家务活等。临走时，我和小石半开玩笑地说："你是要做大事的人，再努力点啊，让别人追你，不要放低你的身段去追别人啊。""哦。"他挠着头说。

这次家访，我和小石妈妈唱了个双簧，让小石看到了妈妈为他做的和想的。这次家访让我又一次看到了幼年分离导致的亲情伤害。回到家后，小石妈妈给我发了一条短信，她感谢我的提醒，这使她明白了孩子为什么会是这个样子，她不会因此而难过了。她反倒觉得孩子真的不容易，也很愧疚，是自己丢弃了他几年，才有了今天的恶果。

是啊，在为留守儿童呼喊亲情回归的时候，我们是否也该想一想，我们能为这些曾经的留守儿童断裂的亲情做点什么呢？

备好家访课

家访是要先备好家访课的。这是23年前我做代理班主任时，第一次到学生家里家访得到的启示。

那年，初三第二学期开学才三个星期，小英同学突然毫无征兆地连续几天没有到学校上课。那时通信很不方便，不要说手机，就连家里有电话座机的人家都是很少的，上门家访也就成了家校联系的主要且有效的措施。

星期六下午，我带着6位学生去小英家。学生用自行车带我颠簸了40多分钟才到达目的地。小英家的院子很杂乱，小英妈妈把我们领进房间，说："没病没灾的，也不上学，就这么睡着，喊也喊不动。"看着她妈妈无奈的样子，我便想用行动感化她。于是，我带着几个学生把小英家的院子和客堂都打扫了一遍，然后让班长小彤和学习委员小华去劝她。小英这时倒是从床上坐起来了，但是对于班长和学习委员的劝说毫无反应。

看着一声不吭的小英，我对她父亲说，让孩子去读书吧，还有几个月就毕业了，好歹也要有一张文凭啊！就在父女俩表示"听老师的，初中要读完"的时候，院外进来了一个中年男子，他说："书，她是不读了，还是早点进厂赚钱吧，看她爷娘，也没有钱支持她把书读完。"我想劝说时，他又说："不就是一个学生不上学，你们要被扣掉奖金吗？"我竟无言以对。我不知道好心地劝学，在家长心中竟就有了这样的评价。这次家访以失败告终！我也委屈得灰心丧气。

当天晚上，我在写这件事情的时候，发现自己的家访目的很明确，那就是劝说小英回到学校完成学业。但是该怎么和小英说，怎么和她的家长沟通？这些我都没有好好想过。带学生帮小英家搞卫生，和他爸爸沟通时说的话，也都是我临时想起来的，以至于在有外力干预的时候，我却无话可说。这也让我意识到，没有准备好的家访注定会失败。

直到现在，我还会想起那次失败的家访。自己真的做了班主任以后，我也经常去家访，但是我会在家访前做好以下功课。

（1）了解家庭成员和他们从事的工作。这能帮助我了解父母有没有时间和孩子交流，亲子交流时间的长短，亲子交流时的习惯用语等，还能发现父母对孩子的一些要求和期望。

（2）关注学生，摸清他的长处。观察他在班级里的言行举止以及同学对他的评价，关注他在文化课学习以外的优势，如喜欢唱歌、爱好运动、心地善良、乐于助人、礼貌懂事、讲究卫生等。有的父母会把自己的孩子孤立在班集体外来看待，不是觉得自己的孩子很优秀，就是认为自己的孩子不如别人家的孩子爱学习。如果有伙伴们的评价和孩子自身的优势，家访时，我与家长的沟通面便会更宽广，也会更顺畅。

（3）给家长以希望。抱着对孩子成长的美好愿望，家长们对老师也会有所期待。所以家访的时候，不能随意承诺，但是可以把"您的孩子真心不错"的评价留给他们，把"我会努力照顾他的"心意告诉他们。一个老师评价不错的孩子，一个老师愿意努力照顾的孩子，家长有什么理由不在家庭教育上全力配合呢？

（4）细看家庭环境。尤其要看一看孩子在家里有没有独立的学习和生活空间，因为这里可能就是孩子学习习惯和行为习惯养成的发源地。

此外，在家访过程中，和家长交流时，要给自己的语言加点温，把直话转个弯再说。十几年班主任做下来，因为备好了家访课，家长们对于我的家访，都是非常欢迎的，有的家长甚至主动提出要我去家访，不单是聊孩子的学习，也是要和我聊聊教育的事情。

用父母的心态培养学生

父母培养孩子的心态是怎样的呢？孩子学习优秀自然喜上眉梢，但孩子在学习上要是不长进呢？会不会把孩子赶出家门？不会，照样不离不弃，因为大多数父母心里清楚孩子学习不行不等于他今后什么也干不了，什么也不会干。

小凯的英语学科算是完蛋了，单就每天单词这一关，他的默写本子上全对的最多只有两个，而那两个单词还是老师按照顺序报的前面两个，如果老师把单词的顺序换一换，那他默写本上就全是"×"啦。看着他紧锁眉头背单词的滑稽样，听着英语老师对他的吐槽，我一时真想不出用什么办法帮他了。

那天中午，我走进教室，看见小凯坐在座位上，口中念念有词。"小凯，你怎么不去吃饭？"我奇怪地问。他可是吃饭打冲锋的典型啊！"冯老师说了，今天默出来了再吃饭。"他有气无力地说。看看时间已经12点了，我对他说："食堂已经没有饭菜了，我带你到校外的饭店先吃点吧。"看着他疑惑的眼神，我又补了一句："没事的，一会儿我和冯老师说。"他跟着我走出了教室。

我陪着他吃完饭，付了钱，就带他回到了教室。

我是知道英语老师的用心的，就是要让他长记性，让他把每天的英语默写作业做起来。这样的方法也有老师用过，可对他不奏效啊！

小凯，不呆不傻，除了上文化课，其他时间不要太活跃！还有一点，他不怕生，喜欢和老师们聊家常。开学报名前，他就寻到宿舍里和我聊了好一会儿，那时我还不知道他会分在我班里。学校里的老师都认识他，有的老师还会主动和他打招呼，这也让他在同学们面前得意了好一阵子。学校里放假啦、春游啦、看电影啦等消息，他总是第一个知道，第一个在教室里广播，以至于其他学生来向我证实的时候，总会带一句"小凯说的"。

这么个孩子，咋就一点也学不进呢?

第二天一大早，他带着妈妈来到我的宿舍，说是感谢我昨天请他吃了午饭。一番寒暄后，他妈妈说："这孩子的脑袋就是装不进书上的知识，其他杂事倒是做得很起劲。家里鱼塘干池，他拖网捕鱼弄得一身泥水，从不说累地做。唉，看来他将来也只能干点粗活了。"听他妈妈这么说，我忽然开窍：不是所有的孩子都是喜欢读书的。要是我也能用她妈妈的心态来教育他，是不是小凯会学得轻松，而我也能解放自己了呢?

学生在学校的学习任务，除了书本知识、解题技巧、刷题考试，还有很多其他的呢。与人相处，劳动美育，吹拉弹唱……这么多的教育任务中，总有几样是学生愿意学且学得会的。

小凯喜欢劳动，我就请他做班级卫生监督员。从此，班级卫生无须我天天说了。小凯不怕生人，我就请他做班级事务联络员。于是，各个处室老师的一颗糖、一块饼干、一支笔都能让小凯开心好几天。平时，我会把读到的一个好句、一个故事和他分享。渐渐地，这些句子和故事也时不时地出现在他的作文中了。

后来请他搬试卷或交手册的老师多起来了，小凯也忙起来了，但他的文化课学习却并没有因此而下滑。

小凯中专毕业后去了部队。参军第二年，他爸爸告诉我，部队推荐他考军校，小凯却要回家工作。

初中毕业十周年同学聚会时，小凯已经是两岁孩子的爸爸了! 他恭敬地对我说："蒋老师，谢谢您，在初中时没有逼着我学习，我是真的不喜欢读书。"

是啊，不是每一个学生都是喜欢读书本之书的。在校园里深耕的老师，往往会过滤掉学生今后的俗世人生，而忽略了他们成年后都会过上世俗生活这个事实。像小凯这样的学生，如果我们只问他要分数，那么就会忽视他们心灵的成长。学校里多一个心灵松散的少年，等于在给他一个压力山大的中年。作为教育人，我们没有理由厌弃甚至放弃任何一个这样的学生。学生需要教练，更需要导师，如果我们能用父母的心态来看待培养这样的学生，那么，我们眼里就不会有那么多的"差生"了，教育内涵的多元化也会真正达成并呈现其美好的姿态。

家庭教育指导学校新模式

一行禅师说："我们有必要学习创造幸福的技术，如果小时候受到了爸爸妈妈在家创造幸福的影响，那我们自然就会知道如何做了。"

对此我是有着深刻体会的，我自己就是在父母的言传身教中学会了管理时间，懂得了奋斗的意义。可见老师要培育好学生，光在学生身上下功夫是不够的。家长如果能改变观念，做孩子的榜样，乐于同孩子一起学习成长，那才是真正的灵丹妙药。这也是我作为老师，作为班主任特别想对家长们说的话，想让家长们明白的道理。

一、按"规"家访，在师生交流新途径中提高家访针对性

担任班主任之初，我所在地区的教育系统正在进行着一场家校合作教育运动——"千名教师访万家"。轰轰烈烈的运动氛围也激起了我的工作热情，按规定，每一位班主任的上门家访率要达到100%。

我想丝毫不差地按照规定完成任务，可是到学生家里去家访，总得有个理由吧！看着老班主任们这样那样的方式，我不知所措，但也学着他们先去一些"问题"学生家里家访。这一类学生家走完了，任务还没有完成，怎么办？带着这样的烦恼，我开始关注学生在课堂内外的一切举动：如每一次考试的分数，每一次活动的纪律和礼仪，吃饭穿衣戴帽合不合校规……试图为自己的家访找到一个可以和家长探讨，能够引起家长重视并得到他们配合的生动例子和理由。

十几岁的孩子，只要老师用点心思，问题总是能找到的。有了前期的观察，家访也有了具体的内容，如纪律不好、学习不努力、喜欢捣乱、不听老师的教导等等。在和家长聊完这些话题后，我总会附上"孩子还是不错的，只要

家里大人多教育，一定会好起来的"等安慰话。让我庆幸的是，每一次家访后，学生在学校的表现真的都变得好起来了。本来不顾忌地吵闹的学生，吵闹的频率低了；本来一早到校抄作业的学生，把地点改在校门外的小店铺里了；本来和老师顶嘴的学生，也学会了"沉默是金"。

我的家访赢得了家长一时的支持，却打乱了一些学生固有的学习生活方式，还时不时掀开了他们的秘密。渐渐地，学生开始害怕我的家访。师生之间有了隔阂，这不是一件好事！教育孩子需要学校和家庭的合力，当合力所指向的对象开始有意躲避的时候，我再怎么努力，面对具体问题时还是会乏力甚至无力的。正确的事情不能正确地做，结果是可怕的。那时，我也发觉自己的家访在偏离正确轨道，这该怎么办？家访是要进行的，因为我尝到了甜头，但怎么家访？访怎样的家长？我苦苦思索着……

一个偶然的机会，观察学生课间聊生活琐事时，我发现他们也在聊心里的苦恼。"让他们写下来！"带着这样的想法，我把语文学科的周记改成了"每日一记"。每天阅读学生的文字，我时刻感受着他们的喜怒哀乐。在写下我的留言的同时，我也在筛选着家访的对象。于是我的家访不再是"盯着孩子的问题"挨个儿开展了，而是在关注孩子的内心所想所需后，再去了解家长、了解家庭，和家长进行有针对性的沟通交流。我的家访也不再是"一个学生一次家访"了，有的学生家里我会去好多次，直到家长有所改变。"每日一记"让我不必挖空心思寻找家访对象，且无意中还开辟出了一个师生交流的新途径，更让我理清了家访的目的，那就是尽一己之力说动家长，再来影响学生。家访也成了我认为的最原始却最有效的家庭教育指导方式。

记得小勇在"每日一记"里说，爸爸在家里经常说粗话，还经常打他，甚至用皮带抽他。我读着读着，眼泪都要流下来了。一个父亲为什么对自己的儿子下那么重的手？带着这样的疑惑我走进了小勇的家。家里奶奶、叔叔、小勇父子四人一起生活。小勇父亲离异后没有再婚，叔叔也没有结婚。只要是爸爸打小勇，叔叔也会跟着一起打他。几次家访下来，他爸爸把夫妻离异、孩子教育等问题说了个痛快。再后来，小勇眼角看不到新伤和旧疤了，他看见我就笑，学习也起劲了。我想，家庭教育指导的目的不就是改变父母、影响孩

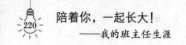

子吗？

就这样，在和学生的书面交流中，我开始有意识地筛选家访对象。家访有了针对性，我的工作量减轻了，和家长交流的内容不再局限于孩子，家庭教育方式也成了我家访的对象。当我站到了孩子阵营里时，孩子的变化令家长欣喜，一家的欣喜引得别家羡慕，不少家长甚至主动邀请我上门家访。但是我一个人没有太多的时间和精力，怎么办？

二、伙伴教育，在家长课堂实践中传授家庭教育好经验

陶行知先生说："创造始于问题，有了问题才会思考，有了思考，才有解决问题的方法，才有找到独立思路的可能。"

家访之初，我只想通过家访来达到我教育学生的目的；坚持家访后，我发现家长中有技术能手、有持家能手、有理财能手、有育子育女能手……他们拥有的知识和技能恰恰是学校教育的空白，是我这个班主任不懂也不会的。这些资源能不能为我所用，让家长们互补一下呢？

个人的成长总是和时代变革息息相关。2015年，苏州市政府启动了家庭教育项目的实践研究。这一年，我参加了苏州市首批家庭教育指导师的专业培训并获得了资格证。这一年，我所在的学校也成功申报了"苏州市首批家庭指导项目学校"，我是该项目的负责人。这一年，我所参与的"苏州市名优班主任工作室"的市级规划课题"家校合作艺术研究"正式开题。由于大环境以及我个人的需要，2015年3月，我开始尝试以家长课堂为载体的伙伴教育实践探索。

从成立家长班级、选定班级家委会到明确"家长课堂"的形式以及主题、时间安排、宣传等具体细节问题，我都做了充分的准备。

把班会课让给家长，请家长走进班级讲讲生活，讲讲教育子女的心得和经验，讲理财、讲感恩、讲传统文化、讲时间管理、讲暑期安全、讲防骗技巧、讲奋斗经历、讲创业艰辛与快乐，这些来自家长亲历的生活案例，既是亲子课堂，也给其他家长以启迪。参与的家长越来越多，大家在讲课中改变着自己，影响着自己的孩子，也感染着身边的伙伴。

我清楚地记得，第一次家长课堂的主题是"品味生活"，邱妈妈讲述的

是蔓越莓饼干的制作和多肉植物的养护。她精心做了PPT来讲课，讲到操作环节，她把带来的半成品展示出来，并请学生上台动手操作。一堂课讲完，她说："站好讲台不容易！"这一来自家长内心最真诚的话语打动了我，也成了我坚持做家长课堂的理由。

课后，她告诉我，PPT的制作都是在儿子的指导下完成的，所用的照片都是儿子拍摄的。为了讲好这堂课，她在家练习了N遍。小邱对待学习，尤其是英语学科原是很被动的，但那次妈妈来班级讲课后，他像换了一个人似的，好像每天都有使不完的劲用在了学习上。我知道是妈妈站上讲台在众多同学和家长面前流畅的讲课，让小邱有了自豪感，自豪感又促使他自觉进步。原生家庭的力量改变着小邱，也把邱妈妈带入了班级志愿者妈妈队伍中。

出自家长课堂的"没文化，真可怕""站在讲台上的人，不是你要恨的人，而是给你知识的人"的名言也成了班级的流行语。伙伴教育理论在实践中得到了有效的推广。一个学期的实践带来了班级学业质量的大幅度提升。带着做好家庭教育指导的心愿，我在全校推广家长课堂，家长课堂在班主任们手里又演绎出了更多的精彩。

家长课堂用足了家长的资源，弥补了我单兵作战指导家长的不足，更让我明白了一个事实：家庭教育指导是需要老师主动出击的，在家校共育路上，家长参与的频率越高，投入的感情越多，对孩子的关注度也就越高，家庭教育越有效果，家校合力越强。

三、专家授课，在父母专业课堂里挖掘家庭教育指导新路子

从就近原则来看，家长课堂的实践，使不少家长获得了直接的育儿经验和做法，但这不是学校开展家庭教育指导的目的。

社会变革对教育的促进作用是巨大的。随着义务教育均衡发展的全面实施，学校的生源结构发生了翻天覆地的变化，新市民学生比例不断攀升，有限的几节家长课堂，和家长们教育孩子的焦虑相比，已经显得捉襟见肘了。家庭教育指导的个体差异越来越明显，甚至有些家庭已经到了需要专业干预的程度，比如新市民家长的茫然无措，二胎家庭家长的焦虑无助，留守孩子与父母

重聚后家长的无奈纠结，等等。

在这类特殊家庭面前，家庭教育迫切需要专业性指导。在我的提议和呼吁下，2017年9月，学校和市妇联"心融青少年指导中心"联合，借用中心家庭教育、心理咨询的专家资源，以公益活动的形式，在初一年级开设父母成长专业课堂。家长们从第一节课的疑虑重重到第三节课挤着报名抢座位，这样的变化让我更加坚信家庭教育是需要指导的，家长是需要学习也是愿意学习的。一位妈妈说："学习了几节家庭教育的课后，我再也不想打孩子了。如果打能教育好他，我也不会这么纠结了。"当家长的教育理念和教育方式发生变化时，他们实施家庭教育的行动也会发生改变，并最终正向影响孩子。学校教育不就是要正向引领培养孩子吗？

经验推广让学校获得可操作、有实效的模式，专业资源的引入又反哺着学校的家庭教育指导工作。这一时期，萨提亚家庭教育治疗、非暴力沟通、正面管教等专业知识和实操也陆续被家长所了解并接受。我从未停下学习的脚步，2018年通过学习和考核，获得了"苏州市家庭教育高级指导师"资质，一时间可用的平台和优质资源更多了。

父母成长专业课堂的设置，满足了很多家长的需求，但是不同年龄段孩子的问题是各种各样的，很多家长在参与"公共课"学习的时候，也想得到"一对一"的专业指导。有留守儿童家长泪流满面地找到我，请求帮助，因为从老家来到身边的孩子诅咒他在车祸中死去；也有二胎妈妈被大宝气得离家出走而来哭诉寻求方法的；更有面对孩子结交网友威胁家人而毫无办法的妈妈撕心裂肺来求助的。我要怎么做，才能帮到这些父母，帮到这些家庭呢？

苏州市网上家长学校有一个家庭教育指导师团队，我自己就是其中的一员，这个团队在家庭教育指导方面的资源是丰富的，也是我完全可以利用的，我想把这些资源也用起来。

四、分层设案，在按需指导的菜单里开启课程化指导新征程

陶行知先生说："教育必须是科学的。这种教育是没有地方能抄袭得来的。我们必须运用科学的方法，根据客观情形继续不断地把它研究出来。"我

理解的科学方法就是按家长的需要做指导，给家长以选择获取家庭教育知识的余地。

　　整理出我手中的资源菜单是不难的，现场咨询，你要什么就问什么；家长沙龙，你有什么就说什么；电话咨询，你想问什么就问什么；家庭教育指导讲座，学校需要什么就有什么；心理门诊，你想说什么就说什么。分层设案就这样做起来了。

　　每一位学生的情况都不一样，每一位家长的需求也不相同，只有弄清楚这些不一样，家庭教育指导才有针对性；有了针对性，指导才会有效果。接近50%的新市民父母，他们在创业阶段把孩子留在了老家，在站稳脚跟后才把孩子接到身边，这时却发现孩子和自己不亲了，他们焦虑着急，很想得到教育孩子的"秘方"。曾经集万千宠爱于一身的大宝，在二宝出生后，"作"成了他们的生活常态，家长也想得到教育孩子的"秘方"。家长需要什么？孩子渴望什么样的家（父母）？孩子和父母之间缺什么？这样的思考化成了一份调查问卷，于是"特殊家庭的家庭教育指导实践研究"课题方案新鲜出炉了！留守儿童回归型、单亲忽视型、重组孤独型、隔代护养型、二胎无助型成了我和我的伙伴们要实践探索的一个个课题，有了课题，我们行动的方向就更清晰了。

　　我们把和家庭教育指导有关的资源整理成菜单，于是，校本化的家长课堂、家庭教育现场咨询、家庭教育指导讲座、家长沙龙、电话咨询、心理访谈等课程菜单不断地被点中，市家庭教育服务队、家庭教育名师工作室、心理健康名师工作室也成了我们在家庭教育课程化指导推进中的合作伙伴。

　　有些事，只有做了，才会体会其中的意义。这份菜单为家长们提供了学习的平台，家长们在咨询、聆听、学习、互动的过程中，逐渐改变了自己的教育理念和方式，这种改变直接改善了家庭教育效果，而最直接的受益者就是我们的孩子。于我们而言，在倾听、在与家长的互动中，收获了最真实的案例，为我们的实践研究提供了丰富的佐证材料，这些案例又促使我们不断思考、不断实践，想方设法地寻找帮助家长的方法和策略。

　　有人说，你把时间花在哪里，最后的收获就在哪里，这话我相信。我从按规家访中走来，到如今带着一群伙伴，有心开展校本家庭教育指导实践，既帮

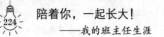

到了别人，也惠及了自己，自己的教育生活得以充实有内涵，自己的家庭教育理念和行动也在改善，更把学校家庭教育指导工作推向了一个更广阔的天地。

　　所有的卓然不群，都是逼出来的；所有的轻松生活，都是熬出来的。如今，我继续在做家访，但家访不再是漫天铺开；我也在做家长课堂，家长是组织者和参与者，我只是一个提供场地的班主任；我也在做家长沙龙，我是主持人，家长才是主讲人。这样的状态也是我热爱这份"额外"工作的动力，因为它给了我更多的工作智慧。

　　　　　　　　　　（2019年江苏省中小学"师陶杯"教科研论文评比一等奖）

两个男孩闹矛盾了

星期一早上，刚上完早读，小周妈妈就来电话了。

在电话中她告诉我，上周五，她家小周的脸被小俊弄伤了。听她这么一说，我想起来了，上周五放学时，我看见小周脸上有一条浅浅的伤痕，问他是怎么回事，他说是自己不小心弄的。

现在他妈妈说是被小俊弄伤的，看来是有故事了。小周坐在第一排，小俊坐在第四排。一下课，小周喜欢在教室里到处走动，不是摸摸这个的头，传传那个的书，就是喜欢挤在小俊的座位上。为此，我还曾开玩笑地问："是不是小俊肉乎乎的很舒服？""我家小孩说，不是他先惹事的，蒋老师，小孩子之间打打闹闹总是有的，但是一直这样就不好了。"

是呀，小俊人高马大且练过跆拳道，一直这样肯定是不行的！

"蒋老师，这个双休日，我家小周情绪很低落，他自己觉得吃亏了，要报复。上周五我就想向您反映，但他说这件事他自己会处理的，不要我们家长出面。这个孩子，我对他一点办法也没有。本以为过了双休日，这件事在他心里就过去了，可是今天上学路上，他又在说这件事了。老师，我现在很担心，他会不会真搞出点事情来呀？"

长期以来，小周就是这么一步一步爬到了父母头上的。但眼下他这么说，或许仅仅是在表达内心里的某种强硬，也或许他真想弄点事情出来。不管怎样，我只能把他的话当成真的。现在小周心心念念地想着这件事，想着自己吃亏了，这对他自己的成长没有一点好处。

我向小周妈妈说了我的想法后，她认可我的做法：下午放学时，请双方家长到学校里来，让两个孩子面对面把事情说清楚，把心里的疙瘩化解掉。

放学后，双方妈妈和两个孩子都坐在了会见室里。小俊说："上周五下午快放学的时候，小周不停地扰乱我，还趴在我肩膀上，搞得我作业也不能写了。我追他，他跑掉了。当他又来打扰我时，我使劲甩了一下，他跌倒了。他脸上的划痕不是我弄的，是他自己摔倒时弄的。"这时，小周涨红了脸不说话。小俊妈妈说："不管怎么样，你把人家甩到地上，还划破了脸，就是做错事了，要道歉。"小俊嗫嚅着说："我又不是故意的。"在我和他妈妈的劝说下，小俊说："小周，对不起，我真的不是故意的。"小周妈妈这时也说："小俊都向你道歉了，你搅得他不能好好写作业，也要向他道歉。"小周红着脸说："对不起。"见两个孩子都道歉了，我说："男孩子之间没有过不去的坎，既然都已经道歉了，那就互相拥抱一下吧。"两人互相拥抱了一下，在我的示意下，双方家长也都摸了摸两个孩子的头，说了一些赞扬的话语，两个孩子站在我们面前笑了。

这时，我对小周说："老师知道你很喜欢和同学玩，但一厢情愿的事不能做太多，比如别人在写作业思考时，你不能去打搅。"小周使劲点了点头。

从那以后，我观察这两个孩子，他们的表现似乎也是什么事情都没有发生过一样，每天放学还互相等一会儿，小周也开始找事做了。这也是我所希望看到的。

学生课间打闹，难免会出现小伤害，处理得当，能达到让坏事变好事的效果。首先，班主任要在第一时间了解情况，请涉事学生把事情经过写下来，请见证的同学也把所见写下来，这样，老师对事情的经过就会了解得更加完整些。同时，叙事本身有助于自我反思。第二，要当着家长的面，把事情经过进行详细呈现，让家长从旁观者的立场看清是非，这样做有利于班主任处理事件时少受干扰。此外，在形式上，为督促学生感受对方的诚意，可邀请涉事学生互相道歉，并互相拥抱或握手（言和）。这些形式可以是面向全班同学的，也可以是面向双方家长的。最后，要处理好涉事学生的消极情绪。老师和家长要用积极的语气，表扬双方态度诚恳，双方家长也可以用摸摸对方孩子的头、握手等表示理解和温暖的动作来协调关系。这些动作看似简单，但都能有效化解涉事学生的负面情绪。还有，如果要把家长请来，就一定要在单独的办公室里处理这类事情。事件处理结束后，还要对全班学生进行一次安全教育。

请给孩子减少一些作业

　　晚上十一点的时候，小悦爸爸发来短信：

　　"尊敬的蒋老师，我代表全家向您郑重提个请求。请您帮我家小悦最大可能地减少家庭作业，我们不要求小孩有多么优秀，只希望她能健康成长。身体是革命的本钱，由此产生的一切后果由我们自负，与老师无关。"

　　读到这则短信的时候，我想小悦此刻肯定还在写作业！

　　小悦对待学习真的是一丝不苟，每一份作业不但字写得好，而且干净整洁，没有一点涂改痕迹。她是数学科代表，但每一门功课都学得非常好，哪怕是美术，别的孩子有时候会涂鸦，但小悦绝不会这样，她都要做到优秀才罢休。但是小悦的速度真的很慢。她那颗上进的心已经飞到了十万八千里外，而她前进的脚步可能还在原地起步，所以她每天都急匆匆——交作业急匆匆，搬作业本也急匆匆。别人上午第四节课铃声一响是冲出教室的，她始终是微笑着，不紧不慢地跟在后面，最后一个到达食堂。每天放学后，她也总是最后一个离开教室。我不停地赶也赶不走，用她自己的话说"没有二三十分钟，她是整理不好书包的"。

　　如此想来她每天的作业，确实会做到很晚了。她也曾向我抱怨过自己写作业的速度很慢，妈妈每天都在催催催，可没办法，自己就是个慢性子啊。我也在私底下教她偷懒的技巧，可这个实诚的女孩做不到。

　　确实，每天作业做到深更半夜肯定不是教育的初衷，更不是教育的目的，我始终认为，竞争再激烈也不能影响孩子的健康。我是班主任，也是语文老师，要减少作业，就从语文开始吧，因为语文学科不是天天都有作业的。在说到数学学科和英语学科的时候，小悦爸爸说："其实我们也很矛盾，从身体第一考虑……减！"

第二天，我把家长的担忧和两位任课老师做了交流，他们也觉得小悦每天作业写到深更半夜不是个办法。在和任课老师协商后，本着尊重家长诉求的原则，一切以孩子的健康安全为出发点，也为了保护小悦的积极性，大家一致认为，可以由孩子自己选择减掉哪些作业。语文作业很少有，可以减少阅读的量；数学和英语学科，在两位任课老师的指导下，由小悦自己决定做哪些作业，不做哪些作业。两位老师在当天就单独和小悦谈了这件事，也征得了小悦的认可。

为避免组长收作业时，出现催促和记录小悦没有完成作业的情况，从而导致她有一些不愉快的情绪甚至发生其他"意外"事件，由我设计理由，让小悦同学把作业单独交给老师。小悦是组长，这个学期学校实行课改，组长每个周一、周四、周五要参加生训课程。为了减轻小悦的工作量，暂时免去她组长（生训）的任务。最后，我把这样的安排用文字稿发给了小悦爸爸，他十分满意。他感慨地说："怪不得都说现在的老师不好当啊，就这件事，老师们想得真周到，而我只考虑到孩子睡得晚，却没有想到可能会引发其他方面的问题。"

其实，小悦的问题不在作业量，而在于她本人就是慢性子而又十分要强。为此，我去了她家家访，就是想要和家长沟通一下，建议他们在提高孩子作业速度上也想些办法和措施，适当地指导、训练孩子学会有效分配时间。我郑重其事的态度，也让家长认识到做减法只能帮她缓解一时，不能在根源上帮到她，这样的情况还是会一直延续。家长有了这个想法，自然也会有行动。

看到了学生的问题，就要帮他寻找解决问题的方法和路径；听到了家长的诉求，就要了解诉求背后的原因。很多家长的诉求其本心都是出于爱护孩子，这也是家长想不出有效办法而情绪焦虑的外显原因。而这个时候，班主任真心实意的帮助会打动他们，这也是家校真正协同的开始，更是彰显班主任教育智慧的最佳时机。

苏州市"十三五"规划课题（重点）

初中学校特殊家庭的家庭教育指导实践研究

一、课题的核心概念及其界定

2015年，教育部颁布《关于加强家庭教育工作的指导意见》，标志着中国家庭教育指导进入新时代。同年，苏州市政府全面启动家庭教育指导惠民实事工程，我校作为苏州市首批家庭教育项目学校参与了这个项目的研究。

本研究就是基于这样一个大背景，结合学校前四年的实践情况，抓住特殊家庭这个关键点，通过对家庭教育指导理论、家庭教育内容以及有效性策略指导的研究，为特殊家庭的家庭教育提供支持，并最终形成家校共育新模式。其核心概念主要有三个。

1. 特殊家庭

这里的特殊家庭是指离异家庭、单亲家庭、重组家庭、二胎家庭、新市民家庭。另外，根据父母对孩子开展家庭教育的举措和结果来看，我们还分出乏力型、放任型、溺爱型、控制型四类特殊家庭。这些特殊类别不是孤立出现的，它们往往交互错杂，是无法完全割裂开来区别对待的。随着教育均衡发展的推进，特殊家庭的家庭教育问题也层出不穷，这些问题已经在一定程度上成了学校教育教学工作的难题和亟待解决的课题。本课题旨在筛选出特殊家庭，并对其家庭教育开展专业的、系统的指导和辅助，这也是本课题研究的意义所在。

2. 家庭教育

家庭教育既指父母或其他成年长者对子女的教育，也指家庭成员之间的相互教育。良好的家庭教育，对孩子而言，能促进其智力教育与道德教育的平衡发展，最终形成健全的人格；对父母而言，既可以缓解夫妻矛盾，明确各自的角色和职责，又能改善亲子关系，引导孩子建立正确的性别角色认同和意识；对于其他年长者来说，可以避免隔代教育中教育理念的冲突，正确处理与子代和孙辈之间的家庭关系。因家庭教育涵盖的范围十分广泛，目前社会普遍将其理解为前者，这也是本研究的主要指向。

3. 家庭教育指导

家庭教育指导是我国内地的说法，在港澳台地区，称其为亲职教育、家长教育，而在国外与"家长参与"有含义重叠之处，但又不完全相同。家庭教育指导作为一种"指导"，既遵循教育指导的一般规定性，又遵循"家庭教育"对"家庭教育指导"的规定性，家庭教育的直接指导对象是家长，间接指导对象是儿童。由此可见，家庭教育指导是家庭以外的机构、团体、个人为家庭发挥积极的教育功能而提供的专业援助与指引。这里的界定把家庭教育指导的客体明确为家庭。

二、国内外同一研究领域现状与研究的价值

1. 国外研究现状

课题组成员从家庭教育、家庭教育指导等维度搜集了许多相关文章，了解了家庭教育的历史发展进程，尤其是对近代资本主义社会的家庭教育做了系统的研究，其中较为重要的有卢梭、裴斯泰洛齐和斯宾塞的家庭教育思想等。在研读相关资料后发现，西方现代家庭教育提倡家庭教育要与政府、社区和社会合作，父母要重视培养儿童的自立自理意识和能力，同时必须平等地对待孩子，注重自幼培养孩子的文明习惯。这些都为本研究提供了借鉴。

2. 国内研究现状

我国自古以来重视家教，有着优秀的家庭教育传统。我国现代社会家庭教育主要以陶行知、陈鹤琴和晏阳初的家庭教育思想为主。晏阳初先生提出的"家庭社会化"思想，促进了家庭、学校和社会三方的积极合作。

进入新的历史时期，家庭教育和家庭教育指导引起了国家的高度重视。1995年，《中华人民共和国教育法》就提出"学校、教师可以对学生家长提供家庭教育指导"，从国家法律层面，确定了家庭教育指导的法律地位。

在国家决策层面，从1996年颁布《全国家庭教育工作"九五"计划》，到2016年《关于指导推进家庭教育的五年规划（2016—2020年）》，20多年里，颁布了5个全国家庭教育工作五年规划，在一定意义上表明家庭教育指导的范围和功能不断拓展，家庭教育指导的重点任务与时俱进、不断更新。2015年，教育部颁布《关于加强家庭教育工作的指导意见》，也称10号文，标志着中国家庭教育指导进入新时代。

2015年，苏州市政府投入数千万元资金到家庭教育及指导的惠民实事工程中，取得了显著的社会效应。2018年，中国家庭教育学术年会在苏州举行，家庭教育及指导研究的价值和深远意义再一次凸显在世人面前。

第一，为家长提供家庭教育新知识和新理念，在一定程度上改变家长狭窄的家庭教育思维以及单一的家庭教育策略。

第二，拓展家庭教育指导思路，实现多条途径、多种策略地指导家长提高家庭教育的能力，使得家庭教育更有针对性，更有效果。

第三，改变"家长只管孩子学习结果，不管孩子心理和生活质量"的反生活家庭教育观，使其明白非智力因素在孩子成长中的意义，学会在家庭教育中主动发挥非智力因素作用，亦即生活教育。

第四，拓宽家校共育新思路，丰富学校德育教育内涵，构建家校共育课程化管理新模式，形成学校德育教育工作新特色。

三、研究的目标、内容（或子课题设计）与重点

1. 研究目标

试图在家庭教育指导工作成为政府为民办实事的大背景，以及在学校生源质量下降，其家庭教育质量也下降的情况下，抓住"特殊家庭""改变家长教育行为"的关键点，通过"家庭教育指导"这一切入点，通过家庭教育家长课程、家长沙龙、组织公益讲座、家长课堂等形式的学习培训，引导家长在学

习、模仿、实践中，改变家庭教育理念，矫正家庭教育行为，提高正确实施家庭教育的能力。

2. 研究内容

根据研究目标和课题指南中的研究要点，分为两大部分：

（1）第一部分：理论研究。

① 指导工作中进行正确处理特殊家庭、父母学习与家校共育三者关系的研究。

② 通过对家庭教育理论的实践，进行构建家庭教育指导课程（模式）的研究。

（2）第二部分：实践研究。

内容有学科运用研究和课例研究。

① 根据学年段，开展专题性家长课程。

② 通过家长课堂，实践伙伴教育理论，培养家长主动、合作、实践的方法、习惯、能力和策略。

③ 开展家长沙龙，形成亲子对话家庭教育行为范式。

④ 指导家长阅读《苏州市家庭教育家长读本》，对照读本案例，让家长自我寻找和孩子沟通的有效途径和方法。

课题研究的重点：在家庭教育理论指导下，开展家庭教育指导实践研究，实现家校共育目标。

四、研究的思路、过程与方法

1. 研究思路

（1）对前四年学校作为苏州市家庭教育项目学校开展的实践研究进行梳理、分析。在此基础上，通过对相关问题的深层次调研，剖析与把握学校在开展家庭教育指导工作中存在的问题和值得挖掘的课题。

（2）思想决定行为，深入分析特殊家庭开展家庭教育的常态，从实践研究入手，探讨家庭教育指导工作中行之有效的方式方法、策略途径、课程活动等。

（3）发动中青年骨干班主任主动参与，分学年段开展家长课堂、家长沙龙、家长课程、亲子阅读模式研究和课例研究。

2. 研究过程

（1）资料的搜集与分析阶段（2018.12—2019.2）。主要任务是在前四年研究的基础上，进一步搜索与本课题相关的文献资料，并反思前期资料的梳理与分析，查找新的突破点。

（2）深度调研阶段（2019.3—9）。主要任务是筛选出之前开展的家长课堂主题菜单，进行家长课程和家长沙龙模式校内调查、班主任座谈研究，设计家庭教育家长调查问卷，为确定研究方向和课题组核心成员做好铺垫，同时做好课题申报工作。

（3）学习与理论探讨阶段（2019.10—12）。主要任务是进行理论学习，探讨家庭教育指导的相关理论与成功做法。

（4）实践实施阶段（2020.1—2020.12）。主要任务是在不同年级，开展专题性家长沙龙、家长课程研究推进课题研究；各年级开设家长课堂，组织亲子阅读系列活动以推进本课题研究。

（5）形成研究成果阶段（2021.1—2021.5）。主要任务是对已完成的各项成果进行整理，形成调查报告、研究报告、课程案例研究、系列论文等，结集出版校本课程集与论文集。

3. 研究方法

（1）调查研究法。前期对特殊家庭进行摸底了解，发放调查问卷，了解特殊家庭家长的受教育程度、工作性质和开展家庭教育的主要方法，从而为有针对性地进行家庭教育指导提供一手依据。

（2）文献研究法。阅读与家庭教育及家庭教育指导相关的理论书籍，理清家庭教育指导的历史变革、各个时代主导的家庭教育指导思想及其传承要旨和脉络，系统学习家庭教育指导的范畴、内容与策略。

（3）实践研究方法。开设家长课程、家长沙龙、家长课堂，指导家长阅读《苏州市家庭教育家长读本》，使家庭教育指导工作的研究落地；综合运用教育学、心理学、教育技术学等多学科研究方法，将本课题既置于目前时代与实践背景之下；构建家庭教育指导的理论与方法支撑体系，实现学科间的相互借鉴。

（4）多种具体方法的综合应用，包括文献资料法、问卷调查法、座谈访谈法、行动研究法等。

五、主要观点与可能的创新之处

1. 主要观点

（1）理念转变。培育和践行社会主义核心价值观是家庭教育的核心和根本。学校和老师比较了解青少年儿童在学校的为人品质、学习能力、人际交往以及全面发展等方面的表现，他们又是专职的专业教师，需要和家长主动形成合作伙伴关系式的教育联盟，所以对家长进行家庭教育指导和服务就理应成为学校和教师提高教育质量、促进儿童发展的重要责任。家庭教育不应从属于学校教育，它们是平等及合作关系。

（2）手段创新。传统家庭教育指导主要以家长会的形式进行集体指导，针对性不强，尤其是对特殊家庭的家庭教育缺乏个性化的有效指导。本研究通过前期的调查研究，筛选出特殊家庭在家庭教育中存在的困惑，结合初中阶段学生外显的情感情绪状态，以设置家长课程，举行家长沙龙、亲子活动、家长课堂、专家讲座等形式，让家庭教育指导落地生根。

（3）优化家庭教育指导模式。分层设案，针对具体问题开设家长课程、家长沙龙，落实伙伴教育理论，引入家长课堂，从而优化家庭教育指导的结构模式。

2. 可能的创新之处

第一，伙伴教育成为家庭教育指导的一种形式。

第二，传统家庭教育被注入新的形式、活力。

第三，特殊家庭的家庭教育指导深入人心，全员参与成为可能。

六、预期研究成果

1. 阶段成果

（1）课题实施阶段报告。

（2）家长课程的编写与运用。

（3）家长阅读《苏州市家庭教育家长读本》心得集结册。

（4）特殊家庭的家庭教育指导实践收获文章。

（5）家长课堂公开展示活动。

2. 最终成果

（1）初中学校特殊家庭的家庭教育指导实践研究结题报告。

（2）家长课程校本教材。

（3）初中学校特殊家庭的家庭教育指导实践研究论文集。

七、完成研究任务的可行性分析

1. 课题组核心成员的学术或学科背景、研究经历、研究能力、研究成果

本课题组核心成员具有知识结构合理、学科背景互补、研究经历丰富以及研究能力较强、研究成果较丰等特点。课题主持人的林老师，具有主持市教育科学规划课题、连续7年开展常熟市微型课题研究、主持参与常熟市"十五""十一五""十二五""十三五"规划课题的研究经历，是苏州市网上家长学校常熟分校的老师，其可利用的资源丰厚，且其所在工作单位是初中教育集团牵头学校，又是苏州首批家庭教育项目学校，这为课题的研究与完成提供了基本的先决条件。其他核心成员主动性与动手能力强，是学校的兼职心理健康教育老师，且都担任班主任工作，有着与家长良性沟通交流的能力和技巧，这些都构成了课题研究的人员与力量保证。

2. 围绕本课题所开展的前期准备工作，包括文献搜集工作、调研工作等

学校是苏州市首批家庭教育指导项目学校，本课题是在之前四年大市家庭教育指导研究基础上的拓展与深化研究。四年来，课题组成员阅读了大量有关家庭教育的政策文件，以及中国现代家庭教育思想论著，主要有《陶行知全集》、陈鹤琴先生的《家庭教育》等。此外，在家庭教育指导工作上有家长课堂、家长沙龙这样实践层面和理论层面的成果，以及涉及家庭教育指导的论文近20篇。

3. 完成研究任务的保障条件，包括研究资料的获得、研究经费的筹措、研究时间的保障等

（1）资讯保障。课题主持人所在单位拥有较为齐全的资料室与书库，其计

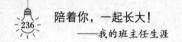
算机全部联网，可以通过教育局网站代理实现图书馆资源共享，且可以在网上查询所需资料。同时，主持人所在单位是市教育集团龙头学校，与集团内各中学有着较为密切的联系，可以为研究提供大量第一手资料。课题主持人是林老师，而林老师的平台中有大量的一线资讯和案例。

（2）经费保证。学校可以保证合理规划经费的使用，并确保所有经费均用于课题的研究。同时，所属教育研究部门给予了一定的培训经费。如果经费不足，学校能提供确保课题正常开展活动必要的经费。

（3）时间保障。课题组主要成员能处理好课题研究与其他工作之间的关系。本课题研究将成为课题组主要成员今后一段时间内的主要科研任务。

八、课题组成员

主持人：蒋金娣。

核心成员：高震江、邹薇、俞渊、钱佳黎、王盈枝、王秋君、高丽萍、沈学峰、顾丽芳。